Sammlung

Außerdeutscher Strafgesetzbücher

in deutscher Übersetzung.

Herausgegeben von den Schriftleitungen

der

Zeitschrift für die gesamte Strafrechtswissenschaft

und der

Mitteilungen der Internationalen Kriminalistischen Vereinigung.

XXIX.

Vorentwurf zu einem Österreichischen Strafgesetzbuch.

(September 1909.)

BERLIN 1909.

J. Guttentag, Verlagsbuchhandlung,

G. m. b. H.

Vorentwurf

zu einem

Österreichischen Strafgesetzbuch

(September 1909.)

BERLIN 1909.

J. Guttentag, Verlagsbuchhandlung,

G. m. b. H.

Inhaltsübersicht.

1. Teil. Allgemeine Bestimmungen.

I. Hauptstück. Strafbarkeit.

II. Hauptstück. Strafen und Sicherungsmittel.

eines fremden Staates oder einen fremden Souverän. § 143. Tätlichkeit und öffentliche Beschimpfung gegen einen Gesandten. § 144. Verletzung eines fremden Hoheitszeichens. § 145. Neutralitätsbruch.

XII. Hauptstück. Strafbare Handlungen gegen verfassungsmäfsige Vertretungskörper und öffentliche Körperschaften.

§ 146. Störung der Tätigkeit eines verfassungsmäßigen Vertretungskörpers oder einer öffentlichen Körperschaft. § 147, 148. Nötigung eines Mitgliedes eines verfassungsmäßigen Vertretungskörpers oder einer öffentlichen Körperschaft. § 149, 150. Bestechung. § 151. Fälschung der Abstimmung. § 152. Herabwürdigung eines verfassungsmäßigen Vertretungskörpers. § 153. Verlust des Wahlrechtes und der Wählbarkeit.

XIII. Hauptstück. Strafbare Handlungen gegen die Staatsgewalt.

§ 154, 155, 156, 157. Nötigung einer Person des öffentlichen Dienstes. § 158. Nötigung einer Person des öffentlichen Dienstes des Auslandes. § 159. Tätlichkeit und Beschimpfung gegen eine Person des öffentlichen Dienstes. § 160. Einmengung in eine Amtshandlung oder Dienstverrichtung. § 161, 162. Aufruhr. § 163. Aufwiegelung. § 164, 165. Herabwürdigung der Staatsgewalt. § 166. Verletzung eines Abzeichens der Staatsgewalt.

XIV. Hauptstück. Verletzung der Amtspflichten.

§ 167. Mißbrauch der Amtsgewalt. § 168. Verletzung der Amtspflicht im Kriege. § 169. Urkundenvergehen im Amte. § 170. Widerrechtliche Beschlagnahme von Schriftstücken. § 171. Verletzung des Amtsgeheimnisses. § 172. Verwertung des Amtsgeheimnisses. § 173, 174. Bestechung. § 175. Annahme von Geschenken.

XV. Hauptstück. Strafbare Handlungen gegen Rechtspflege und Verwaltung.

§ 176, 177, 178, 179. Falsche Aussage vor Gericht. § 180. Falsche Aussage vor einem ausländischen Gerichte. § 181. Falsche Aussage vor einer Verwaltungsbehörde. § 182. Der beschworenen Aussage gleichgestellte Beteuerungen. § 183. Widerruf der falschen Aussage. § 184. Versuchte Anstiftung und Anbietung zur falschen Aussage. § 185. Straflosigkeit der falschen Aussage. § 186. Milderung der Strafe. § 187, 188, 189. Falsche Anschuldigung. § 190. Veröffentlichung des Urteiles. § 191. Irreführung der öffentlichen Behörde. § 192. Verschweigung entlastender Umstände. § 193, 194. Vereitlung des Strafverfahrens oder Strafvollzuges. § 195. Übernahme der Strafe eines anderen. § 196, 197. Unbefugte Veröffentlichung. § 198. Abbildung eines Verbrechers. § 199. Befreiung eines Verwahrten. § 200. Meuterei. § 201. Bruch einer amtlichen Beschlagnahme. § 202. Verweisungsbruch. § 203. Bruch der Polizeiaufsicht. § 204. Amtsanmaßung. § 205. Winkelschreiberei.

Beischlafes. § 268. Gemeinsame Bestimmung über erhöhte Strafen. § 269, 270. Unzucht wider die Natur. § 271. Blutschande. § 272. Unzucht mit Verwandten absteigender Reihe. § 273. Ausnützung einer Vertrauensstellung oder öffentlichen Stellung zum Beischlaf oder zur Unzucht. § 274. Verführung. § 275, 276. Kuppelei. § 277. Verletzung polizeilicher Vorschriften über gewerbemäßige Unzucht. § 278. Gewerbemäßige Förderung der Unzucht. § 279. Förderung gewerbemäßiger Unzucht. § 280, 281. Frauenhandel. § 282. Zuhälterei. § 283. Verletzung der Sittlichkeit. § 284. Schmälerung der bürgerlichen Ehrenrechte.

XXII. Hauptstück. Strafbare Handlungen gegen Leib und Leben.

§ 285, 286, 287. Mord. § 288. Totschlag. § 289. Tötung auf Verlangen. § 290. Teilnahme am Selbstmorde. § 291. Kindesmord. § 292, 293, 294, 295. Abtreibung der Leibesfrucht. § 296, 297, 298, 299. Körperbeschädigung. § 300. Gemeinsame Bestimmung über mildere Strafen. § 301. Körperbeschädigung mit Einwilligung des Verletzten. § 302. Raufhandel. § 303. Aussetzung. § 304. Gefährdung durch eine Geschlechtskrankheit. § 305. Herausforderung zum Zweikampfe § 306. Zweikampf. § 307. Aufreizung zum Zweikampfe. § 308. Erlöschen der Strafbarkeit. § 309. Verletzung der Regeln des Zweikampfes. § 310. Mensur. § 311. Böswillige Gefährdung der körperlichen Sicherheit. § 312. Fahrlässige Gefährdung der körperlichen Sicherheit. § 313. Überschreitung des Züchtigungsrechtes. § 314. Unterlassen der Hilfeleistung.

XXIII. Hauptstück. Strafbare Handlungen gegen die persönliche Freiheit.

§ 315. Freiheitsentziehung. § 316. Unterlassung der Anzeige einer berechtigten Festnahme. § 317. Entführung einer Person weiblichen Geschlechts wider ihren Willen. § 318. Menschenraub. § 319. Betrügerische Werbung. § 320. Sklaverei. § 321. Nötigung. § 322. Drohung. § 323. Verletzung des Hausrechtes. § 324 Hausfriedensbruch. § 325. Eigenmächtige ärztliche Behandlung.

XXIV. Hauptstück. Strafbare Handlungen gegen die Ehre.

§ 326. Beschimpfung. § 327, 328, 329. Beleidigung. § 330 Wahrheitsbeweis. § 331. Verleumderische Beleidigung. § 332. Vorwurf einer Strafe. § 333. Verfolgung. § 334. Veröffentlichung des Urteils.

XXV. Hauptstück. Diebstahl und verwandte strafbare Handlungen.

§ 335, 336, 337, 338, 339. Diebstahl. § 340, 341, 342. Veruntreuung. § 343. Aneignung fremden Grundes. § 344. Forstfrevel und Feldfrevel. § 345. Eigenmächtige Aneignung. § 346. Unterschlagung. § 347. Entfremdung. § 348, 349, 350, 351. Wilderei. § 352 Unbefugte Fischerei in Küstengewässern. § 353. Gebrauchsanmaßung. § 354. Familienverhältnis.

XXVI. Hauptstück. Erpressung und Raub.

§ 355. Erpressung § 356, 357. Raub

XXXIV. Hauptstück. Gemeingefährliche strafbare Handlungen.

§ 416. Brandstiftung. § 417. Fahrlässige Gefährdung durch Feuer. § 418, 419. Gefährdung durch Sprengstoffe. § 420. Vorbereitung eines Sprengstoffverbrechens. § 421, 422. Gefährdung durch Überschwemmung. § 423, 424. Gefährdung durch Betriebsstörung. § 425, 426. Gemeingefährdung. § 427, 428. Gemeinsame Bestimmung über erhöhte Strafen. § 429. Unterlassung vorgeschriebener Schutzvorkehrungen. § 430. Bestellung von untauglichen Personen. § 431, 432. Gefährdung eines öffentlichen Betriebes. § 433. Störung der Hilfe bei gemeiner Gefahr. § 434. Verletzung einer Lieferungspflicht bei einem gemeinen Notstande. § 435, 436, 437, 438. Gefährdung der Gesundheit durch Lebensmittel oder Gebrauchsgegenstände. § 439. Verbreitung von Krankheiten unter Menschen. § 440, 441. Verbreitung eines Pflanzenschädlings oder einer Tierseuche.

XXXV. Hauptstück. Strafbare Handlungen in bezug auf die Seeschiffahrt.

§ 442. Seeraub. § 443, 444. Herbeiführung eines Seeschadens. § 445. Vernachlässigung der Verproviantierung eines Seeschiffes. § 446, 447, 448. Gefährdung der Seeschiffahrt. § 449. Pflichtverletzung bei Seenot. § 450, 451, 452. Meuterei auf einem Seeschiffe. § 453. Entweichung aus dem Seedienste. § 454. Mißbrauch der Gewalt durch den Vorgesetzten. § 455. Pflichtverletzung in bezug auf Schiffsurkunden.

XXXVI. Hauptstück. Ordnungsübertretungen.

§ 456. Betreten militärischer Objekte. § 457. Beschädigung einer öffentlichen Kundmachung. § 458, 459. Unwahre Angaben über persönliche Verhältnisse. § 460. Unbefugtes Tragen der Uniform. § 461. Ungehorsam bei Ruhestörungen. § 462. Verhöhnung der Rechtspflege. § 463. Mißbrauch eines Notsignals. § 464. Übertretungen gegen die Gesundheitspflege. § 465. Irreführende Anpreisung eines Heilmittels oder einer Heilmethode. § 466. Unterlassen der Anzeige verdächtiger Todesfälle und Krankheiten durch Sanitätspersonen. § 467. Pflichtverletzung bei der Totenbeschau. § 468. Unterlassen der Anzeige von der Aufnahme eines Kindes. § 469. Verabreichung geistiger Getränke an Unmündige und Trunkene. § 470. Gefährdung durch Trunkenheit. § 471. Trunkenheit an öffentlichen Orten. § 472. Abschluß eines verbotenen Vertrages über Zechschulden. § 473. Anfertigung, Erwerb und Gebrauch von Gegenständen, die sich zur Fälschung von Geld, Wertpapieren oder Wertzeichen eignen. § 474. Unbefugte Anfertigung öffentlicher Siegel. § 475. Unbefugter Erwerb militärischer Uniformen und Waffen. § 476. Fahrlässige Förderung von strafbaren Handlungen gegen fremdes Vermögen. § 477. Unterlassen der Anhaltung eines verdächtigen Verkäufers. § 478. Tierquälerei.

Strafgesetzbuch.

I. Teil. Allgemeine Bestimmungen.

I. Hauptstück. Strafbarkeit.

1. Abschnitt. Einleitende Bestimmungen.

§ 1. Durch die Gerichte zu bestrafen ist nur, wer eine Handlung begeht, die durch ein Gesetz mit Strafe bedroht ist.

§ 2. Eine mit dem Tod oder mit Kerker bedrohte Handlung ist ein Verbrechen, eine mit Gefängnis oder Haft von mehr als sechs Monaten oder mit Geldstrafe von mehr als zweitausend Kronen bedrohte Handlung ist ein Vergehen.

Handlungen, die mit einer sechs Monate nicht übersteigenden Freiheitsstrafe oder mit einer zweitausend Kronen nicht übersteigenden Geldstrafe bedroht sind, sind Übertretungen, soferne sie das Gesetz nicht als Vergehen bezeichnet.

2. Abschnitt. Zurechnungsfähigkeit.

§ 3. Nicht strafbar ist, wer zur Zeit der Tat wegen Geistesstörung, Geistesschwäche oder Bewußtseinsstörung nicht die Fähigkeit besaß, das Unrecht seiner Tat einzusehen oder seinen Willen dieser Einsicht gemäß zu bestimmen.

§ 4. War die Fähigkeit des Täters, das Unrecht seiner Tat einzusehen oder seinen Willen dieser Einsicht gemäß zu bestimmen, zur Zeit der Tat infolge eines andauernden krankhaften Zustandes wesentlich vermindert, so ist an Stelle der Todesstrafe auf lebenslangen Kerker zu erkennen. Hat der Täter eine Freiheitsstrafe verwirkt, deren Vollzug in ihrer regelmäßigen Art seinen Zustand verschlimmern würde, so ordnet das Gericht an, daß die Strafe nach den der Eigenart solcher Personen angepaßten Vorschriften vollzogen werde. Der Vollzug solcher Strafen findet in einer besonderen Strafanstalt oder in einer besonderen Abteilung einer Strafanstalt oder eines Gefangenhauses statt.

3. Abschnitt. Unmündigkeit und jugendliches Alter.

§ 5. Wer zur Zeit der Tat das vierzehnte Lebensjahr nicht vollendet hat, ist nicht strafbar.

Der Unmündige wird der Fürsorgeerziehung überwiesen, soferne die häusliche Zucht nicht ausreicht.

§ 6. Wer zur Zeit der Tat im Alter vom vollendeten vierzehnten bis zum vollendeten achtzehnten Lebensjahre stand (Jugendlicher), ist nicht strafbar, wenn er wegen zurückgebliebener Entwicklung oder Mangels der geistigen Reife nicht die Fähigkeit besaß, das Unrecht seiner Tat einzusehen oder seinen Willen dieser Einsicht gemäß zu bestimmen.

Ein Jugendlicher, der aus diesem Grunde nicht strafbar ist, wird der Fürsorgeerziehung überwiesen, soferne die häusliche Zucht nicht ausreicht.

4. Abschnitt. Verschulden.

§ 7. Strafbar ist nur, wer vorsätzlich handelt, es sei denn ausdrücklich bestimmt, daß auch der fahrlässig Handelnde bestraft werden soll.

Vorsätzlich handelt, wer die Verletzung oder Gefährdung, deren Herbeiführen die Strafbarkeit begründet, herbeiführen wollte.

Fahrlässig handelt, wer die Verletzung oder Gefährdung, deren Herbeiführen die Strafbarkeit begründet, zwar nicht herbeiführen wollte, aber als mögliche Folge seiner Handlung voraussah oder bei pflichtgemäßer Aufmerksamkeit hätte voraussehen können.

§ 8. Die erhöhten Strafen, die das Gesetz an den Eintritt bestimmter Folgen einer strafbaren Handlung knüpft, dürfen nur dann verhängt werden, wenn diese Folgen nach den dem Täter erkennbaren Umständen des Falles allgemein voraussehbar sind.

Erhöhte Strafen, die an den Wert einer Sache oder eines Gutes oder an einen bestimmten Betrag eines Vermögensnachteiles geknüpft sind, werden ohne Rücksicht auf die Bestimmung verhängt.

§ 9. Handelt der Täter im Irrtum über Umstände der Tat, so ist sie nach der Vorstellung des Täters zu beurteilen, wenn diese Beurteilung für den Täter günstiger ist.

Beruht der Irrtum auf Fahrlässigkeit, so ist der Täter dafür verantwortlich, soferne das fahrlässige Handeln strafbar ist.

§ 10. Unkenntnis des Strafgesetzes schließt das Verschulden des Täters nicht aus.

5. Abschnitt. Notstand und Notwehr.

§ 11. Wer eine mit Strafe bedrohte Tat begeht, um eine unmittelbar drohende, anders nicht abwendbare Verletzung an Körper, Freiheit oder Vermögen von sich oder einem Dritten abzuwenden, ist nicht strafbar, wenn der zugefügte Nachteil nicht außer Verhältnis zu dem drohenden Nachteile steht.

Notstand schließt die Strafbarkeit nicht aus, wenn für den Täter eine besondere Pflicht besteht, sich der drohenden Verletzung auszusetzen.

§ 12. Wer sich oder einen Dritten gegen einen unmittelbar drohenden rechtswidrigen Angriff angemessen verteidigt, übt das Recht der Notwehr aus.

Das Maß der Verteidigung wird durch die Gefährlichkeit des Angriffes, die Art der drohenden Verletzung und das Verhalten des Angreifers bestimmt.

Wer die Grenzen angemessener Verteidigung nur infolge einer durch den Angriff hervorgerufenen Unbesonnenheit überschreitet, ist nicht strafbar.

6. Abschnitt. Anstiftung und Beihilfe.

§ 13. Wer einen anderen bestimmt, eine strafbare Handlung zu begehen, wer einem anderen zu einer strafbaren Handlung durch Wort oder Tat Hilfe leistet oder eine bei oder nach der Tat zu leistende Hilfe zusagt, unterliegt den für den Täter geltenden Bestimmungen.

Ist Todesstrafe oder lebenslanger Kerker angedroht, so wird der Gehilfe mit Kerker von fünf bis zu zwanzig Jahren bestraft.

Persönliche Eigenschaften oder Verhältnisse können nur die Strafbarkeit desjenigen, bei dem sie vorhanden sind, aufheben, vermindern oder erhöhen.

Wer bewirkt, daß ein anderer eine mit Strafe bedrohte Tat begeht, die diesem nicht als vorsätzliche Handlung zugerechnet werden kann, oder wer zu einer solchen Tat Hilfe leistet, ist Täter.

7. Abschnitt. Versuch.

§ 14. Wer mit dem Vorsatz, eine strafbare Tat zu begehen, eine unmittelbar zu ihrer Ausübung führende Handlung vornimmt, unterliegt den Bestimmungen, die für den Täter der vollendeten strafbaren Handlung gelten.

Ist Todesstrafe oder lebenslanger Kerker angedroht, so wird auf Kerker von fünf bis zu zwanzig Jahren erkannt.

Der Versuch ist nicht strafbar, wenn die Handlung mit einer drei Monate nicht übersteigenden Freiheitsstrafe oder einer tausend Kronen nicht übersteigenden Geldstrafe bedroht ist.

§ 15. Wer zu einer als Verbrechen bedrohten Tat anzustiften versucht, wird bestraft:

mit Kerker oder Gefängnis von einem bis zu zehn Jahren, wenn das Verbrechen mit dem Tod oder mit lebenslangem Kerker bedroht ist;

mit Kerker von einem bis zu fünf Jahren oder Gefängnis oder Haft von sechs Monaten bis zu fünf Jahren, wenn das Verbrechen ein gemeingefährliches oder mit Freiheitsstrafe von fünfzehn oder zwanzig Jahren bedroht ist;

mit Gefängnis oder Haft von zwei Wochen bis zu zwei Jahren in den übrigen Fällen.

Ist die Strafe des Verbrechens von persönlichen Eigenschaften oder Verhältnissen abhängig, so ist die Strafe maßgebend, die diesen Eigenschaften oder Verhältnissen bei dem Anstifter entspricht.

§ 16. Wer freiwillig und nicht wegen eines von seinem Willen unabhängigen Hindernisses von seiner Tätigkeit absteht, bevor er sie beendet hat, oder wer freiwillig und nicht weil er weiß, daß seine Tat entdeckt ist, den Erfolg verhindert oder abwendet, ist wegen Versuches nicht mehr strafbar.

§ 17. Wer eine strafbare Handlung vorbereitet, ist in den vom Gesetze bezeichneten Fällen strafbar. Die Strafbarkeit erlischt, wenn der Täter freiwillig und nicht wegen eines von seinem Willen unabhängigen Hindernisses von seiner Tätigkeit absteht und bewirkt, daß die vorhandenen Mittel oder Werkzeuge zur Verübung strafbarer Handlungen unbrauchbar werden.

II. Hauptstück. Strafen und Sicherungsmittel.*)

1. Abschnitt. Strafen und Straffolgen.

Todesstrafe.

§ 18. Die Todesstrafe wird mit dem Strange vollzogen.

Im standrechtlichen Verfahren kann sie durch Erschießen vollzogen werden.

Freiheitsstrafen.

§ 19. Die Kerkerstrafe wird auf Lebensdauer oder für die Dauer von einem bis zu zwanzig Jahren verhängt und nach Jahren oder Monaten bemessen.

§ 20. Die Gefängnisstrafe wird auf die Dauer von drei Tagen bis zu zwanzig Jahren verhängt.

§ 21. Die Haftstrafe wird auf die Dauer von einem Tage bis zu fünf Jahren verhängt.

§ 22. Die Strafe des Hausarrestes wird auf die Dauer von einem Tage bis zu zwei Wochen verhängt.

Der Verurteilte hat zu geloben, daß er seine Wohnung nicht verlassen werde. Bricht er das Gelöbnis, so hat er Haft in der ganzen Dauer des Hausarrestes zu verbüßen.

Bedingte Entlassung.

§ 23. Hat ein Sträfling zwei Drittel einer ein Jahr übersteigenden zeitigen Freiheitsstrafe verbüßt, so kann er bedingt entlassen werden, wenn nach seinem Lebenswandel, seinem Verhalten während des Strafvollzuges und den Aussichten auf ein redliches Fortkommen anzunehmen ist, er werde sich in der Freiheit bewähren. Unter den gleichen Voraussetzungen kann ein Sträfling, der zu lebenslangem Kerker verurteilt ist, entlassen werden, wenn er fünfzehn Jahre verbüßt hat; ein Jugendlicher schon dann, wenn er zwei Drittel einer mindestens sechsmonatlichen Freiheitsstrafe erstanden hat.

Die Probezeit ist gleich dem nicht vollzogenen Reste der Strafe, jedoch niemals kürzer als sechs Monate und niemals länger als fünf Jahre. Bei lebenslanger Kerkerstrafe beträgt sie fünf Jahre.

§ 24. Dem Entlassenen kann die Bekanntgabe seines Aufenthaltes auferlegt und der Aufenthalt an bestimmten Orten untersagt werden.

---

*) Eingehende Bestimmungen über die Art des Vollzuges der Strafen und Sicherungsmittel werden in einem besonderen Hauptstücke der Strafprozeßordnung in ihrer neuen Gestalt enthalten sein.

Die Strafvollzugsbehörde kann den Jugendlichen einer Schutzaufsicht unterstellen und ihm bei der Entlassung oder später bestimmte Weisungen für sein Verhalten erteilen.

Weitere Beschränkungen der Freiheit Entlassener sind unzulässig.

§ 25. Hat sich der Entlassene bewährt, so gilt die ganze Freiheitsstrafe als verbüßt.

Die Entlassung wird widerrufen und der Rest der Strafe vollzogen,

wenn sich der Entlassene während der Probezeit dem Trunke, Spiele, Müßiggang oder einem unsittlichen Lebenswandel ergibt;

wenn er den Weisungen der Strafvollzugsbehörde böswillig und beharrlich nicht nachkommt;

wenn er wegen einer während der Probezeit begangenen strafbaren Handlung zu einer Kerkerstrafe oder Gefängnisstrafe verurteilt wird, es sei denn, daß besondere Umstände die Annahme der Bewährung nicht hinfällig erscheinen lassen.

§ 26. Nach Ablauf von drei Monaten seit dem Ende der Probezeit ist der Widerruf ausgeschlossen. Wenn bei Ablauf der Probezeit ein Strafverfahren gegen den Entlassenen anhängig ist, kann der Widerruf noch innerhalb sechs Wochen nach rechtskräftigem Abschlusse dieses Verfahrens erfolgen.

Wenn sich der Verdacht eines Widerrufsgrundes ergibt und die Flucht des Entlassenen zu befürchten ist, kann der Entlassene vorläufig verwahrt werden. Tritt Widerruf ein, so ist die Zeit der Verwahrung auf den Rest der Strafe anzurechnen.

Geldstrafe und Einziehung.

§ 27. Der geringste Betrag der Geldstrafe ist zwei Kronen, der höchste Betrag fünfzigtausend Kronen.

Das Gericht kann dem Verurteilten gestatten, die Geldstrafe in bestimmten Teilbeträgen und Fristen innerhalb drei Monaten nach Rechtskraft des Urteiles zu entrichten.

§ 28. Geldstrafen dürfen nur insoweit zwangsweise eingebracht werden, als dadurch der Verurteilte weder in seinem Unterhalte gefährdet noch in der Erfüllung der Pflicht gehindert wird, seinen Angehörigen den Unterhalt oder dem Beschädigten Ersatz zu leisten.

Wenn der Verurteilte nach Rechtskraft des Urteiles gestorben ist, so wird eine Geldstrafe, die bei ihm hätte eingetrieben werden dürfen, in seinen Nachlaß vollstreckt.

§ 29. Der Verurteilte, bei dem eine Geldstrafe oder ein Teilbetrag nicht eingebracht werden kann, hat als Ersatzstrafe in der Regel Haft zu verbüßen; wenn aber eine Geldstrafe neben einer Freiheitsstrafe verhängt wird, eine Freiheitsstrafe derselben Art. Der Vollzug einer Ersatzstrafe zieht die Folgen nicht nach sich, die sonst mit dem Vollzug einer Freiheitsstrafe verbunden sind.

Die Ersatzstrafe ist in das Urteil aufzunehmen. Ihre Dauer bestimmt das Gericht nach den allgemeinen Grundsätzen der Strafzumessung und stellt dabei das tägliche Einkommen oder den täglichen Verdienst des Verurteilten annäherungsweise einem Tage Freiheitsstrafe gleich.

Der Verurteilte kann den Vollzug der Ersatzstrafe dadurch abwenden oder abkürzen, daß er die Geldstrafe oder den noch ausstehenden Rest erlegt.

§ 30. Sachen, die der Täter als Lohn oder Geschenk für eine strafbare Handlung empfangen hat, werden vorbehaltlich der Rechte Dritter, an der strafbaren Handlung unbeteiligter Personen eingezogen.

Wenn der Verurteilte nach Rechtskraft des Urteils gestorben ist, wird die Einziehung in seinen Nachlaß vollstreckt.

Hat der Täter die Sache veräußert oder verbraucht, so tritt an die Stelle der Einziehung Geldstrafe in der Höhe des Wertes der Sache. Die Geldstrafe ist in das Urteil aufzunehmen.

§ 31. Die Geldstrafen kommen den Ländern, Bezirken und Gemeinden, in deren Gebiet das Urteilsgericht liegt, nach Maßgabe ihres Aufwandes für die Errichtung und Erhaltung von Anstalten für Jugendfürsorge, für Trunksüchtige, für Vermittlung von Arbeit und von Zwangsarbeitsanstalten zu. Soweit weder das Land noch der Bezirk oder die Gemeinde einen Anspruch auf die Geldstrafen besitzen, werden sie vom Staate für diese Zwecke verwendet.

Die Bestimmungen gelten auch für den Erlös eingezogener Sachen und für eingezogene Geldbeträge.

Schmälerung der bürgerlichen Ehrenrechte.

§ 32. Die Schmälerung der bürgerlichen Ehrenrechte umfaßt

den Verlust jedes inländischen öffentlichen Amtes und Dienstes, der akademischen Grade, der Advokatur und des Notariates, der öffentlichen Agentur und des Rechtes, Parteien vor den Behörden zu vertreten und im Inland ausländische akademische Grade zu führen;

den Verlust des Wahlrechtes, der Mitgliedschaft und der Wählbarkeit in bezug auf verfassungsmäßige Vertretungskörper und öffentliche Körperschaften;

die Unfähigkeit, solche Rechte, Stellungen und Befugnisse zu erlangen;

den Verlust des inländischen Adels und anderer inländischer staatlicher Titel und Würden, inländischer Orden und Ehrenzeichen und den Verlust der erteilten Befugnis, im Inland ausländische Titel und Würden zu führen, ausländische Orden und Ehrenzeichen zu tragen.

Diese Rechtsfolgen treten mit der Rechtskraft des Urteils ein.

§ 33. Die Schmälerung der bürgerlichen Ehrenrechte ist mit der Verurteilung zum Tod und zu einer Kerkerstrafe verbunden. Die Unfähigkeit, Rechte, Stellungen und Befugnisse zu erlangen

(§ 32, Absatz 4), besteht für die Dauer der zu verbüßenden Freiheitsstrafe und einen weiteren Zeitraum von zehn Jahren.

Bei Verurteilung zu einer Gefängnisstrafe von mindestens sechs Monaten ist auf Schmälerung der bürgerlichen Ehrenrechte für die Dauer der zu verbüßenden Freiheitsstrafe und einen weiteren Zeitraum von fünf Jahren zu erkennen, wenn dem Täter besondere Roheit, grober Eigennutz, Schamlosigkeit oder Arbeitsscheu zur Last fällt.

§ **34.** Hat ein Urteil eines Militärgerichtes Rechtsfolgen nach sich gezogen und tritt der Verurteilte sodann unter die Gerichtsbarkeit der bürgerlichen Gerichte, so entscheidet das Gericht auf Grund dieses Gesetzes, ob, in welchem Maß und für welche Dauer bürgerliche Rechtsfolgen (§ 32) eintreten oder fortbestehen. Es ist hierbei an die rechtliche Beurteilung der strafbaren Handlung durch das Militärgericht gebunden.

Rechtsfolgen, die sich auf das militärische Dienstverhältnis des Verurteilten beziehen, bleiben unberührt.

Veröffentlichung von Urteilen.

§ **35.** Auf Veröffentlichung des Urteils ist zu erkennen, wenn sie im öffentlichen Interesse gelegen ist.

In den im Gesetze bezeichneten Fällen kann bei einem verurteilenden Erkenntnis auf Antrag des Verletzten, bei einem freisprechenden Erkenntnis auf Antrag des Freigesprochenen die Veröffentlichung angeordnet werden, wenn der Antragsteller ein berechtigtes Interesse nachweist. Nach dem Tode des Verletzten steht das Recht, den Antrag zu stellen, dem Ehegatten und den Verwandten ersten Grades zu.

Das Gericht bezeichnet eine oder zwei Druckschriften, in welchen die Veröffentlichung je einmal zu erfolgen hat. Wenn besondere Umstände dafür sprechen, sind auch die Urteilsgründe zu veröffentlichen.

2. Abschnitt. Sicherungsmittel.

§ **36.** Ein Geisteskranker oder Trunksüchtiger, der eine strenger als mit sechs Monaten Freiheitsstrafe bedrohte Tat begangen hat und wegen Zurechnungsunfähigkeit zur Zeit der Tat nicht verfolgt oder nicht verurteilt werden kann, wird an eine staatliche Anstalt für verbrecherische Irre abgegeben, wenn er wegen seines kranken Geisteszustandes und mit Rücksicht auf seinen Lebenswandel und die Eigenart seiner Tat als besonders gefährlich für die Sittlichkeit oder für die Sicherheit der Person oder des Vermögens (gemeingefährlich) anzusehen ist.

Der Kranke bleibt in der Anstalt, so lange seine Gemeingefährlichkeit dauert. Die Entlassung kann endgültig oder auf Widerruf erfolgen.

Ausländer sind nur so lange zu verwahren, bis sie an den Heimatsstaat abgegeben werden können.

§ 37. Der zur Freiheitsstrafe verurteilte Täter eines Verbrechens oder eines mit einer sechs Monate übersteigenden Freiheitsstrafe bedrohten Vergehens, dessen Fähigkeit, das Unrecht seiner Tat einzusehen oder seinen Willen dieser Einsicht gemäß zu bestimmen, zur Zeit der Tat infolge eines andauernden krankhaften Zustandes wesentlich vermindert war, kann nach dem Vollzuge der Strafe weiterhin verwahrt werden, wenn er wegen seines Zustandes und mit Rücksicht auf seinen Lebenswandel und die Eigenart seiner Tat als gemeingefährlich anzusehen ist.

Das Gericht spricht die Zulässigkeit der Verwahrung im Urteil aus und ordnet sodann auf Grund der Ergebnisse des Strafvollzuges an, daß der Sträfling in einer besonderen staatlichen Anstalt oder in einer besonderen Abteilung der in § 36 bezeichneten Anstalt zu verwahren sei, wenn seine Gemeingefährlichkeit nicht behoben ist.

Die Entlassung kann endgültig oder auf Widerruf erfolgen.

Ausländer sind nur so lange zu verwahren, bis sie an den Heimatsstaat abgegeben werden können.

§ 38. Ein Inländer, der wegen desselben oder wegen verschiedener der in den Hauptstücken 17, 21, 22, 25, 26, 27, 28, 29, 33 und 34 angeführten Verbrechen mindestens zwei Kerkerstrafen erstanden hat und innerhalb fünf Jahren seit dem Vollzuge der letzten dieser Strafen wieder eines dieser Verbrechen begeht, kann nach Verbüßung der verwirkten Strafe noch weiterhin angehalten werden, wenn ihn seine Verbrechen als gemeingefährlich erscheinen lassen und anzunehmen ist, er werde sich von weiteren strafbaren Handlungen nicht abhalten lassen. Eine im Auslande verbüßte Strafe ist zu berücksichtigen, wenn die Tat nach inländischem Recht eines der angeführten Verbrechen bildet und die verbüßte Strafe der inländischen Kerkerstrafe gleichkommt.

Die Zeit, während der der Täter wegen einer anderen strafbaren Handlung eine Freiheitsstrafe verbüßte oder ihm wegen des Vollzuges eines Sicherungsmittels die Freiheit entzogen war, wird in den Zeitraum von fünf Jahren nicht eingerechnet.

Das Gericht spricht die Zulässigkeit der Anhaltung im Urteil aus und entscheidet sodann auf Grund der Ergebnisse des Strafvollzuges, ob der Sträfling entlassen werden könne oder wegen fortdauernder Gemeingefährlichkeit in einer besonderen Anstalt oder in einer besonderen Abteilung einer Strafanstalt anzuhalten sei.

Die Anhaltung darf zehn Jahre nicht übersteigen. Nach Ablauf von mindestens drei Jahren kann der Täter endgültig oder auf Widerruf entlassen werden.

§ 39. Wird ein Inländer wegen eines Verbrechens gegen die Sicherheit des Geldverkehrs, gegen fremdes Vermögen oder wegen eines gemeingefährlichen Verbrechens zu einer Kerkerstrafe verurteilt, so erklärt es das Gericht für zulässig, den Täter unter Polizeiaufsicht zu stellen, wenn die Gefahr besteht, daß er neuerdings strafbare Handlungen dieser Art begehen werde und wenn von der Polizeiaufsicht eine Minderung dieser Gefahr zu erwarten ist.

§ **40.** Ein Ausländer, der zu einer ein Jahr erreichenden Freiheitsstrafe verurteilt wird, kann für immer oder für zehn Jahre aus dem Inland ausgewiesen werden, wenn er nach seinem Lebenswandel und der Eigenart seiner Tat als gefährlich für die Sicherheit des Staates, die Sittlichkeit oder die Sicherheit der Person, des Vermögens oder des Geldverkehrs anzusehen ist.

Ausländer, die von einem ausländischen Staate wegen einer Tat verfolgt werden, hinsichtlich der an diesen Staat Auslieferung nicht stattfindet, dürfen ohne ihre Einwilligung nicht an dessen Grenzen gebracht werden.

§ **41.** Für verfallen sind zu erklären

Sachen, die ihrer Beschaffenheit nach nur zur Begehung einer strafbaren Handlung bestimmt sind;

Sachen, die durch eine strafbare Handlung hervorgebracht oder zu einer strafbaren Handlung verwendet wurden, sowie Sachen, mit welchen eine strafbare Handlung begangen wurde, wenn sie ihrer Beschaffenheit nach geeignet sind, die Sicherheit des Staates, die öffentliche Ordnung, die öffentliche Sittlichkeit, die Gesundheit oder die Sicherheit der Person, des Vermögens oder des Geldverkehrs zu gefährden.

§ **42.** Ist die Verfolgung oder Verurteilung des Täters nicht zulässig oder nicht ausführbar, so kann auf den Verfall selbständig erkannt werden.

Wenn der Verurteilte nach Rechtskraft der den Verfall verfügenden Entscheidung gestorben ist, wird der Verfall gegen den Nachlaß vollzogen.

Der Erlös verfallener Sachen, die nach den bestehenden Vorschriften zu veräußern sind, und verfallene Geldbeträge kommen der Staatskasse zu.

III. Hauptstück. Bemessung der Strafe.

1. Abschnitt. Allgemeine Grundsätze.

§ **43.** Die Strafe ist nach dem Verschulden und der Gefährlichkeit des Täters zu bemessen. Dabei sind die Beschaffenheit der Tat sowie die persönlichen und wirtschaftlichen Verhältnisse des Täters zu berücksichtigen. Bei Bemessung der Geldstrafe ist namentlich auch das Einkommen des Täters in Anschlag zu bringen.

Gestattet das Gesetz die Wahl zwischen mehreren Arten der Freiheitsstrafe oder zwischen Freiheitsstrafe und Geldstrafe, so ist auf die strengste Strafart insbesondere dann zu erkennen, wenn der Täter wiederholt rückfällig ist oder wenn ihm besondere Roheit, grober Eigennutz, Schamlosigkeit oder Arbeitsscheu zur Last fällt.

Läßt das Gesetz die Verhängung einer Geldstrafe neben einer

Freiheitsstrafe zu, so ist auf Geldstrafe namentlich dann zu erkennen, wenn die Tat Eigennutz bekundet.

§ **44.** Mildernde Umstände sind insbesondere

unbescholtener Lebenswandel;

Schwäche der Einsicht oder des Willens, Alter zwischen achtzehn und zwanzig Jahren und Greisenalter;

Notlage, Aufregung, der Umstand, daß der Täter zur Tat angestiftet oder durch eine besonders günstige Gelegenheit verleitet wurde;

geringes Maß der Teilnahme an der strafbaren Handlung;

Verbleiben beim Versuch und Geringfügigkeit der Verletzung oder Gefährdung, soweit diese Umstände auf ein geringeres Maß des Verschuldens hinweisen;

Reue über die Tat, offenes Geständnis, Bestreben, den Schaden nach Kräften abzuwenden oder gutzumachen, vorwurffreies Verhalten nach der Tat während eines der Verjährungszeit nahekommenden Zeitraumes.

§ **45.** Erschwerende Umstände sind insbesondere

liederlicher Lebenswandel, Arbeitsscheu, vorhergegangene Bestrafung;

reifliche Überlegung und Vorbereitung der Tat, Anstiftung eines anderen, Verbindung mit anderen zur Ausführung der Tat, grober Eigennutz und andere besonders verwerfliche Beweggründe, durch die Tat bekundete Schamlosigkeit oder besondere Roheit, Verletzung besonderer Pflichten, Verübung der Tat bei Ausübung eines öffentlichen Amtes oder Dienstes;

Begehung der Tat durch einen Unmündigen, Anstiftung eines Jugendlichen, Verwendung eines Jugendlichen als Gehilfen;

Größe der Verletzung oder Gefährdung, soweit der Umstand auf ein größeres Maß des Verschuldens hinweist;

Empfindlichkeit des zugefügten Schadens für den Verletzten nach dessen dem Täter bekannten Verhältnissen.

§ **46.** Unter das Mindestmaß der Strafart darf nie herabgegangen und das Höchstmaß nie überschritten werden.

Ergeben sich bei der Erhöhung der Untergrenze oder Obergrenze eines Strafsatzes Bruchteile eines Tages, so sind sie als voll zu rechnen.

2. Abschnitt. Die Bestrafung Jugendlicher.

Absehen von Strafe.

§ **47.** Hat ein Jugendlicher aus Übermut, Unüberlegtheit oder einem ähnlichen Grunde, der nicht auf verderbte Gesinnung hinweist, eine den Umständen nach geringfügige und mit einer drei Monate nicht übersteigenden Freiheitsstrafe oder tausend Kronen nicht übersteigenden Geldstrafe bedrohte Tat begangen, so kann das Gericht nach Feststellung des Tatbestandes und der Verantwortlichkeit im

Urteile davon absehen, eine Strafe zu verhängen und den Täter nach ernster Ermahnung zum Wohlverhalten entlassen.

Das Absehen von Strafe ist nur bei Jugendlichen zulässig, die das erste Mal verurteilt werden.

Bedingter Strafnachlaß.

§ 48. Wird ein Jugendlicher zu einer drei Monate nicht übersteigenden Freiheitsstrafe oder zu einer tausend Kronen nicht übersteigenden Geldstrafe verurteilt, so kann das Gericht den Vollzug der Strafe für eine Probezeit von einem bis zu drei Jahren aufschieben, wenn nach dem Lebenswandel des Jugendlichen, nach seinen Beweggründen und seinem Verhalten nach der Tat anzunehmen ist, daß es des Vollzuges der Strafe nicht bedarf, um ihn von weiteren strafbaren Handlungen abzuhalten. Die Maßregel ist ausgeschlossen, wenn der Jugendliche bereits einmal zu einer Freiheitsstrafe verurteilt wurde.

Die Probezeit beginnt mit der Rechtskraft des Urteils.

§ 49. Ist der Jugendliche zu einer einen Monat übersteigenden Freiheitsstrafe verurteilt worden, so kann ihn das Gericht einer Schutzaufsicht unterstellen, wenn dies zur Stütze seiner sittlichen Festigung und Besserung geraten erscheint und wenn er an seinem Aufenthaltsorte durch Vertrauenspersonen mit Aussicht auf Erfolg überwacht werden kann. Es ist zulässig, die Schutzaufsicht auch späterhin, während der Dauer der Probezeit anzuordnen, bei Anordnung der Schutzaufsicht oder später dem Jugendlichen bestimmte Weisungen für sein Verhalten während der Probezeit zu erteilen, die Bekanntgabe seines Aufenthalts aufzuerlegen und den Aufenthalt an bestimmten Orten zu untersagen.

Weitere Beschränkungen der Freiheit sind unzulässig.

§ 50. Hat sich der Jugendliche bewährt, so ist die Strafe erlassen. Der Eintritt dieser Wirkung ist durch Beschluß festzustellen.

Wenn sich der Jugendliche während der Probezeit dem Trunke, Spiele, Müßiggang oder einem unsittlichen Lebenswandel ergibt;

wenn er den Weisungen des Gerichts böswillig und beharrlich nicht nachkommt;

wenn er wegen einer während der Probezeit begangenen strafbaren Handlung zu einer Gefängnisstrafe verurteilt oder wenn er rückfällig wird, ordnet das Gericht den Vollzug der aufgeschobenen Strafe an.

Wird der Jugendliche wegen einer vor Beginn der Probezeit begangenen strafbaren Handlung zu einer Freiheitsstrafe verurteilt, so entscheidet das Gericht mit Rücksicht auf die Umstände des Falles, ob auch der Vollzug der zweiten Strafe aufzuschieben oder ob nunmehr beide Strafen zu vollziehen seien.

Nach Ablauf von drei Monaten seit dem Ende der Probezeit ist die Anordnung des Vollzuges der aufgeschobenen Strafe ausgeschlossen. Wenn bei Ablauf der Probezeit ein Strafverfahren gegen den Jugendlichen anhängig ist, kann der Vollzug noch innerhalb sechs Wochen nach rechtskräftigem Abschlusse des Verfahrens angeordnet werden.

Minderung der Strafen.

§ 51. An die Stelle der Todesstrafe und der lebenslangen Kerkerstrafe tritt Gefängnis von drei bis zu fünfzehn Jahren, an die Stelle der zeitigen Kerkerstrafen treten Gefängnisstrafen. Das Höchstmaß der zeitigen Freiheitsstrafe wird auf zehn Jahre, die im Gesetze bestimmten Untergrenzen werden auf die Hälfte herabgesetzt. Eine Milderung der Strafen nach § 57 findet nicht statt.

Beschränkung der Straffolgen.

§ 52. Schmälerung der bürgerlichen Ehrenrechte und Veröffentlichung eines verurteilenden Erkenntnisses sind ausgeschlossen.

Andere nachteilige Wirkungen, die eine strafgerichtliche Verurteilung kraft besonderer Gesetze als Rechtsnachfolgen nach sich zieht, treten nicht ein.

Fürsorgeerziehung statt einer Strafe.

§ 53. Hat ein Jugendlicher wegen eines Vergehens oder einer Übertretung eine drei Monate nicht übersteigende Freiheitsstrafe verwirkt, so kann das Gericht, statt eine Strafe zu verhängen, anordnen, daß der Verurteilte der Fürsorgeerziehung übergeben werde, wenn er verwahrlost ist oder seine Verwahrlosung droht und diese Maßregel entsprechender erscheint, um ihn zu bessern oder seiner Verderbnis vorzubeugen.

Hat der Jugendliche zur Zeit des Urteils das achtzehnte Lebensjahr überschritten, so ist die Maßregel ausgeschlossen.

Fürsorgeerziehung neben einer Strafe.

§ 54. Wird ein Jugendlicher zu einer Gefängnisstrafe verurteilt, so kann das Gericht anordnen, daß er nach dem Vollzuge der Strafe der Fürsorgeerziehung zu übergeben sei, wenn dies zur Stütze der voraussichtlichen Besserung des Jugendlichen mit Rücksicht auf seine persönlichen Verhältnisse geboten erscheint und die Fürsorgeerziehung vor dem vollendeten achtzehnten Lebensjahre beginnen kann.

Rehabilitation.

§ 55. Ein Jugendlicher, der einer strafbaren Handlung schuldig erkannt worden war, erlangt Rehabilitation, wenn er bis zu der Verurteilung unbescholten war und während der Bewährungsfrist nicht neuerlich verurteilt wurde. Rehabilitation ist ausgeschlossen, wenn der Jugendliche zu einer drei Jahre übersteigenden Gefängnisstrafe verurteilt worden war.

Die Bewährungsfrist beträgt

zehn Jahre bei Verurteilung zu einer ein Jahr erreichenden oder einer längeren Freiheitsstrafe;

acht Jahre bei Verurteilung zu einer Freiheitsstrafe von sechs Monaten bis zu einem Jahre;

sechs Jahre bei Verurteilung zu einer Freiheitsstrafe von einem bis zu sechs Monaten;

fünf Jahre in allen übrigen Fällen.

Die Bewährungsfrist beginnt, sobald der Verurteilte die Freiheitsstrafe verbüßt oder die Geldstrafe erlegt hat oder davon verständigt wird, daß die Strafe durch Gnade erlassen wurde. Hat das Gericht davon abgesehen, eine Strafe zu verhängen oder ist die Strafe bedingt nachgelassen, so läuft die Frist von der Rechtskraft des Urteils an.

Der Zeitraum, während dessen der Jugendliche in einer Besserungsanstalt angehalten wird, ist in die Frist nicht einzurechnen.

§ 56. Die Rehabilitation tilgt die Verurteilung und befreit von der Pflicht, die Verurteilung auf Befragen des Gerichts oder einer anderen Behörde anzugeben. Rechte dritter Personen, die sich auf die Verurteilung gründen, bleiben unberührt.

Der Rehabilitierte kann bei dem Gerichte, das die Strafsache in erster Instanz entschieden hat, begehren, daß die Rehabilitation im Strafakt, in der beim Strafregisteramt erliegenden Strafkarte und in den Vormerken der Verwaltungsbehörden angemerkt werde. Wenn diese Anmerkung erfolgt ist, darf die Verurteilung in Ausfertigungen von Strafkarten und in Leumundsnoten nicht aufgenommen werden.

Die Strafgerichte und Staatsanwaltschaften sind berechtigt, in einem strafgerichtlichen Verfahren die Bekanntgabe einer durch Rehabilitation getilgten Verurteilung zu begehren, wenn die Kenntnis davon für die Entscheidung der Schuldfrage bedeutsam ist.

Behörden, die zur Verleihung von Stellen im öffentlichen Dienst oder zur Übertragung einer diesem Dienste gleich zu achtenden öffentlichen Funktion berufen sind, können die Bekanntgabe einer durch Rehabilitation getilgten Verurteilung verlangen, wenn diese für ihre Entscheidung von Bedeutung ist. Solche Auskünfte dürfen nur auf besonderes Begehren und unter ausdrücklicher Bekanntgabe der eingetretenen Rehabilitation erteilt werden. Die anfragende Behörde ist verpflichtet, die erlangte Auskunft geheim zu halten.

3. Abschnitt. Milderung und Verschärfung der Strafe.

§ 57. Wenn der Täter handelt

in einer an Zurechnungsunfähigkeit grenzenden Herabsetzung oder Schwäche der Fähigkeit, das Unrecht seiner Tat einzusehen oder seinen Willen dieser Einsicht gemäß zu bestimmen, soferne dieser Zustand nicht durch verschuldete Trunkenheit hervorgerufen war;

in einer heftigen Gemütsbewegung infolge einer unmittelbar vorausgegangenen schweren und unbegründeten Kränkung, die dem Täter oder einer ihm nahestehenden Person zugefügt wurde;

in einer unverschuldeten, dem Notstande nahekommenden Bedrängnis;

in dem durch bestimmte Tatsachen begründeten Glauben, zu der Tat berechtigt zu sein;

wenn der Täter vor dem Beginne der Verfolgung den drohenden Schaden abwendet oder den angerichteten Schaden gutmacht,

kann statt der ausschließlich angedrohten zeitigen Kerkerstrafe auf Gefängnis erkannt werden; zeitige Freiheitsstrafen und Geldstrafen können bis auf die Hälfte der Untergrenze herabgesetzt werden.

§ 58. Bei dem Zusammentreffen mehrerer Milderungsgründe ist die Strafe nicht mehrfach zu mildern.

Wenn jugendliches Alter des Täters oder ein oder mehrere Milderungsgründe mit einem Umstande zusammentreffen, vermöge dessen der Strafsatz zu erhöhen wäre, so hat das Gericht nach Maßgabe der verhältnismäßigen Bedeutung dieser Umstände von der Erhöhung des Strafsatzes oder von der Herabsetzung der Untergrenze oder von jeder Änderung des Strafsatzes abzusehen.

§ 59. Begeht jemand zwischen dem achtzehnten und zwanzigsten Lebensjahr eine mit Tod oder lebenslangem Kerker bedrohte Handlung, so ist auf Kerker von fünf bis zu zwanzig Jahren zu erkennen.

§ 60. An Stelle einer Haftstrafe bis zu vierzehn Tagen kann das Gericht Hausarrest verhängen, wenn der Vollzug der Haft den Verurteilten wegen seines Gesundheitszustandes oder seiner Erwerbsverhältnisse besonders hart treffen würde.

§ 61. Gefängnisstrafen bis zur Dauer von sechs Monaten können verschärft werden,

wenn dem Täter besondere Roheit, grober Eigennutz, Schamlosigkeit oder Arbeitsscheu zur Last fällt;

wenn der Täter die Tat durch einen Unmündigen begangen, einen Jugendlichen angestiftet oder als Gehilfen verwendet hat;

wenn der Täter die Tat begangen hat, um zu einer Freiheitsstrafe verurteilt zu werden;

wenn der Täter wiederholt rückfällig ist.

§ 62. Mittel zur Verschärfung einer Freiheitsstrafe sind Fasten bei Brot und Wasser und hartes Lager durch vierundzwanzig Stunden.

Das Gericht wählt die Verschärfungsmittel und bestimmt, wie oft sie anzuwenden sind. In einer Woche darf eine Freiheitsstrafe nur an drei nicht unmittelbar aufeinanderfolgenden Tagen verschärft werden.

Der Vollzug einer Verschärfung ist so lange auszusetzen, als er mit dem Gesundheitszustande des Sträflings nicht zu vereinbaren ist.

4. Abschnitt. Wiederholte schwere Bestrafung und Rückfall.

§ 63. Die Strafe ist innerhalb der um ein Viertel erhöhten Grenzen des Strafsatzes zu bemessen, wenn der Täter zwei Kerkerstrafen oder sechs Monate übersteigende Gefängnisstrafen verbüßt hat und vor Ablauf von fünf Jahren seit dem Vollzuge der letzten dieser Strafen eine Tat begeht, wegen der er mit Kerker oder Gefängnis zu bestrafen ist. Eine im Auslande verbüßte Strafe ist zu berücksichtigen, wenn die Tat auch nach inländischem Rechte strafbar ist und die verbüßte Strafe der inländischen Kerkerstrafe oder Gefängnisstrafe gleichkommt.

Die Zeit, für die dem Täter wegen des Vollzuges einer Haftstrafe, einer sechs Monate nicht übersteigenden Gefängnisstrafe oder eines Sicherungsmittels die Freiheit entzogen war, wird in den Zeitraum von fünf Jahren nicht eingerechnet.

§ 64. Wer vor Ablauf von fünf Jahren seit dem Vollzug einer Strafe eine strafbare Handlung begeht, die auf derselben Neigung beruht, wie die der vorausgegangenen Bestrafung zugrunde liegende Tat, unterliegt den für Rückfällige geltenden Bestimmungen. Hat der Täter bereits zwei Strafen wegen solcher Handlungen verbüßt, so wird er als wiederholt rückfällig behandelt.

Eine im Auslande vollzogene Strafe ist zu berücksichtigen, wenn die Tat auch nach inländischem Rechte strafbar ist.

Die Zeit, für die dem Täter zur Strafe wegen einer Rückfall nicht begründenden Tat oder wegen des Vollzuges eines Sicherungsmittels die Freiheit entzogen war, wird in den Zeitraum von fünf Jahren nicht eingerechnet.

Die Erhöhung um ein Viertel wegen wiederholter schwerer Bestrafung ist ausgeschlossen, wenn der Täter wegen derselben strafbaren Handlungen als wiederholt Rückfälliger nach einem strengeren Strafsatze bestraft wird.

5. Abschnitt. Zusammentreffen.

§ 65. Hat jemand mehrere strafbare Handlungen begangen oder fällt eine Tat unter mehrere Strafdrohungen, so bestimmt das Gericht die Gesamtstrafe nach folgenden Grundsätzen.

§ 66. Treffen nach dem Gesetz oder bei wahlweiser Androhung nach der durch das Gericht getroffenen Wahl Strafen gleicher Art zusammen, so ist eine Gesamtstrafe zwischen der um ein Viertel erhöhten höchsten Untergrenze und der um ein Viertel erhöhten höchsten Obergrenze der zusammentreffenden Strafdrohungen zu bemessen. Die Erhöhung um ein Viertel wegen wiederholter schwerer Bestrafung wird dadurch ausgeschlossen.

Wenn Freiheitsstrafen verschiedener Art zusammentreffen, so ist die Gesamtstrafe nach demselben Grundsatz in der schwersten Strafart zu bemessen.

Wegen Zusammentreffens mit einer verhältnismäßig geringfügigen Strafe werden Obergrenze und Untergrenze nicht erhöht.

§ 67. Trifft eine Freiheitsstrafe mit einer Geldstrafe zusammen, so kann das Gericht die Geldstrafe neben der Freiheitsstrafe verhängen oder das Zusammentreffen bei Bemessung der Freiheitsstrafe berücksichtigen.

Die neben einer Freiheitsstrafe angedrohte Geldstrafe, Straffolgen und Sicherungsmittel werden angewendet, auch wenn sie nur wegen einer Tat angedroht sind. Neben der Todesstrafe und der lebenslangen Kerkerstrafe ist nur Verfall anwendbar.

§ 68. Wird jemand einer strafbaren Handlung schuldig erkannt, die er vor der Verurteilung wegen einer anderen strafbaren Handlung begangen hat, so ermittelt das Gericht die Gesamtstrafe, auf die bei gleichzeitiger Verurteilung zu erkennen gewesen wäre, und verhängt die Strafe als Zusatzstrafe, die nach Anrechnung der bereits erkannten Strafe noch erübrigt.

Das Gericht kann davon absehen, eine Zusatzstrafe zu verhängen, wenn die neu hervorgekommene Tat im Verhältnisse zu der früher verfolgten ganz geringfügig ist.

Auf Todesstrafe kann auch dann erkannt werden, wenn der Täter die zuerst verhängte Strafe bereits verbüßt hat.

Ist die neu hervorgekommene Tat nur mit einer Freiheitsstrafe bedroht, die der Art nach milder ist als die bereits verhängte, so ist die Zusatzstrafe in der milderen Strafart zu bemessen.

§ 69. Hängt die Strafbarkeit einer Tat oder die Höhe der Strafe von dem Werte der Sache oder des Gutes oder von dem Betrage des Vermögensnachteiles ab, so ist bei wiederholter Begehung die Strafdrohung anzuwenden, die der Summe der Werte oder Beträge entspricht.

6. Abschnitt. Anrechnung der Strafe und der Untersuchungshaft.

§ 70. Wenn infolge Wiederaufnahme des Verfahrens oder Aufhebung eines nichtigen Urteils eines bürgerlichen oder Militärgerichts neuerlich die Strafe zu bemessen ist, so wird die bereits vollzogene Strafe angerechnet. Eine Freiheitsstrafe strengerer Art ist in einer angemessen verlängerten Dauer anzurechnen.

Hat der Täter eines todeswürdigen Verbrechens dieser Tat wegen eine Freiheitsstrafe erlitten, so darf Todesstrafe nicht mehr verhängt werden. An die Stelle der allein angedrohten Todesstrafe tritt lebenslanger Kerker.

§ 71. Die Verwahrungshaft und Untersuchungshaft, die der Verurteilte vor dem Urteilsspruch erlitten hat, ist auf Freiheitsstrafen und Geldstrafen anzurechnen, soweit der Verurteilte sie nicht verschuldet hat.

7. Abschnitt. Strafbare Handlungen von Sträflingen.

§ 72. Ein Sträfling, der während des Vollzuges einer Freiheitsstrafe eine Übertretung oder ein auf Privatanklage zu verfolgendes Vergehen begeht, wird von der Strafvollzugsbehörde durch Zuchtmittel bestraft, wenn dies mit Rücksicht auf die Geringfügigkeit der Tat, die Dauer des Strafrestes und die Wirkung auf den Täter ausreichend ist.

Dieser Grundsatz gilt auch für Personen, welchen des Vollzuges eines Sicherungsmittels wegen die Freiheit entzogen ist.

Begeht ein zu lebenslangem Kerker verurteilter Sträfling ein Verbrechen oder ein von Amts wegen zu verfolgendes Vergehen, so ist statt auf die angedrohte Freiheitsstrafe auf Verschärfung des Strafrestes zu erkennen.

IV. Hauptstück. Verfolgung.

1. Abschnitt. Ermächtigung.

§ 73. Die Fälle, in welchen der Täter nur dann verfolgt werden darf, wenn eine öffentliche Behörde des Inlandes oder Auslandes oder der Verletzte den öffentlichen Ankläger dazu ermächtigen, bestimmt das Gesetz.

Die Ermächtigung kann auf die Verfolgung einzelner Beteiligter nicht beschränkt und in der Regel nicht zurückgenommen werden. Läßt das Gesetz die Zurücknahme zu, so muß sie vor dem Beginne des Beweisverfahrens der Hauptverhandlung erfolgen.

Nach dem Tode des Verletzten steht das Recht der Ermächtigung dem Ehegatten und den Verwandten ersten Grades zu, es sei denn, daß feststeht, der Verletzte habe sein Recht nicht ausüben wollen.

Die Erklärung, daß die Ermächtigung erteilt werde, kann nur innerhalb zwei Wochen nach der Anfrage des Staatsanwalts erfolgen. Ist das Recht auf den Ehegatten und die Verwandten übergegangen, so läuft die Frist für sie vom Tode des Verletzten an.

2. Abschnitt. Privatanklage.

§ 74. Das Recht, in den im Gesetze bezeichneten Fällen Privatanklage zu erheben, steht dem durch die strafbare Handlung Verletzten zu. Nach seinem Tode geht das Recht nach Maßgabe des dritten Absatzes des § 73 auf den Ehegatten und die Verwandten ersten Grades über.

Die Privatanklage erstreckt sich nur auf die Personen, gegen die sie ausdrücklich erhoben wird.

Unter mehreren Berechtigten steht das Klagerecht jedem selbständig zu. Ist jedoch über die Privatanklage eines Berechtigten durch Urteil rechtskräftig entschieden, so ist das Klagerecht der übrigen Verletzten erloschen, es sei denn, daß das Urteil wegen Rücktritts des Anklägers ergangen wäre.

§ 75. Das Recht zur Privatanklage erlischt, wenn es binnen dreier Monate nicht ausgeübt wird. Die Frist beginnt mit dem Ablaufe des Tages, an dem der Berechtigte von der strafbaren Handlung und der Person des Täters Kenntnis erlangt.

Wenn im Falle wechselseitiger strafbarer Handlungen die Anklage nur von einem der beiden Berechtigten erhoben wird, erstreckt sich die Frist für den anderen bis zum Schlusse des Beweisverfahrens der Hauptverhandlung und endet in diesem Zeitpunkte, wenngleich drei Monate noch nicht verstrichen sind.

Wenn das vom öffentlichen Ankläger eingeleitete Verfahren eingestellt wird, endet die Frist zur Privatanklage nicht vor Ablauf von drei Monaten seit der Einstellung.

3. Abschnitt. Verjährung.

§ 76. Die Verfolgung verjährt,

wenn die Tat mit dem Tod oder mit lebenslangem Kerker bedroht ist, in fünfundzwanzig Jahren;

wenn Freiheitsstrafe im Höchstmaße von fünfzehn oder zwanzig Jahren angedroht ist, in zwanzig Jahren;

wenn Freiheitsstrafe im Höchstmaße von sechs Monaten oder mehr angedroht ist, in einem Zeitraum, der dem Doppelten des Höchstmaßes gleichkommt, aber mindestens zwei Jahre und höchstens fünfzehn Jahre beträgt;

wenn Freiheitsstrafe im Höchstmaße von weniger als sechs Monaten oder wenn bloß Geldstrafe angedroht ist, in sechs Monaten.

§ 77. Die Verjährung beginnt, wenn die strafbare Tätigkeit abgeschlossen ist oder das strafbare Verhalten aufhört.

Jede richterliche Verfolgungshandlung gegen den Täter unterbricht die für ihn laufende Verjährung.

Mit dem Urteile, der Einstellung oder einem anderen Abschlusse des Verfahrens beginnt die Verjährung von neuem. Sie tritt jedenfalls dann ein, wenn ein Zeitraum verstrichen ist, der dem Doppelten der Verjährungsfrist gleichkommt. Die Dauer der Unterbrechungen wird nicht eingerechnet.

§ 78. Die Verjährung ruht, solange kraft gesetzlicher Vorschrift das Verfahren gegen den Täter nicht eingeleitet oder fortgesetzt werden kann und solange der Täter im Auslande weilt, um sich der Verfolgung zu entziehen.

V. Hauptstück. Das Geltungsgebiet des Strafgesetzes.

1. Abschnitt. Zeitliches Geltungsgebiet.

§ 79. Strafbar ist nur, wer eine Handlung begeht, die schon im Zeitpunkt ihrer Begehung mit Strafe bedroht war.

Ist über eine Tat, die vor Inkrafttreten eines neuen Strafgesetzes begangen wurde, nach Beginn der Wirksamkeit dieses Gesetzes zu entscheiden, so wird das neue Gesetz angewendet, es sei denn, daß das Gesetz, das zur Zeit der Tat in Kraft stand, für den Täter günstiger ist.

Ist der Täter nach beiden Gesetzen strafbar, so ist als das günstigere Gesetz dasjenige anzuwenden, das die mildere Strafart androht. Sind die angedrohten Strafen der Art nach gleich, so wird das neue Gesetz angewendet, soferne nicht die Obergrenze der angedrohten Strafe höher ist.

§ 80. Straffolgen, die nur eines der beiden Gesetze androht oder vorsieht, sind ausgeschlossen.

Sicherungsmittel sind auch dann anzuwenden, wenn sie nur im neuen Gesetze vorgesehen sind.

Der Täter wird nur auf Privatanklage oder auf Grund einer Ermächtigung verfolgt, wenn auch nur eines der beiden Gesetze dieses Erfordernis aufstellt.

2. Abschnitt. Örtliches Geltungsgebiet.

Im Inlande begangene strafbare Handlungen.

§ 81. Den Bestimmungen des Gesetzes unterliegt, wer im Inland eine strafbare Handlung begeht.

Eine strafbare Handlung ist im Inlande begangen, wenn der Täter im Inlande gehandelt hat oder der Erfolg im Inland eingetreten ist oder nach dem Vorsatze des Täters im Inland eintreten sollte.

Strafbare Handlungen, die auf hoher See an Bord eines Schiffes aus einem inländischen Heimatshafen begangen werden, sind im Inlande begangen.

Eine strafbare Handlung, die an Bord eines ausländischen Handelsschiffes in einem österreichischen Hafen begangen wurde, wird nur dann im Inlande verfolgt, wenn sie die Ruhe des Hafens gefährdete oder gegen einen Inländer gerichtet war oder wenn die Behörde des ausländischen Staates darum ansucht.

Strafbare Handlungen an Bord inländischer Handelsschiffe in ausländischen Häfen.

§ 82. Eine strafbare Handlung, die an Bord eines inländischen Handelsschiffes in einem ausländischen Hafen begangen wurde, wird im Inlande verfolgt, wenn sie im Staate des Begehungsortes nicht verfolgt wurde.

Strafbare Handlungen der Inländer im Auslande.

§ 83. Den Bestimmungen des Gesetzes unterliegt der Inländer, der sich im Ausland eines der im siebenten bis zehnten Hauptstück angeführten Verbrechen oder Vergehen, der versuchten Anstiftung, öffentlichen Aufforderung oder Anbietung zum Hochverrat, eines Verbrechens oder Vergehens gegen die ihm obliegenden Pflichten eines öffentlichen Amtes oder gegen die Sicherheit des Urkundenverkehrs oder Geldverkehrs, des Frauenhandels, der Behandlung eines Menschen als Sklaven oder eines der im 35. Hauptstück angeführten Verbrechen schuldig macht.

§ 84. Der Inländer, der sich im Ausland einer anderen strafbaren Handlung schuldig macht, unterliegt den Bestimmungen des Gesetzes, wenn er auch nach dem Rechte des Tatortes strafbar ist oder wenn er die Tat gegen einen Inländer begangen hat. Hat der Täter die Tat auf staatenlosem Gebiete begangen, so wird er verfolgt, wenn der Justizminister es anordnet.

§ 85. Diese Bestimmungen gelten auch für den Ausländer, der zur Zeit der Tat Inländer war.

Strafbare Handlungen der Ausländer im Auslande.

§ 86. Den Bestimmungen des Gesetzes unterliegt der Ausländer, der sich im Auslande schuldig macht

des Hochverrates, der versuchten Anstiftung, öffentlichen Aufforderung oder Anbietung zum Hochverrate, des Verrates im Kriege, der Begünstigung eines feindlichen Spions oder Kundschafters, der Verletzung militärischer Geheimnisse oder der Ausspähung in Kriegszeiten, eines Verbrechens oder Vergehens gegen die Sicherheit des inländischen Urkundenverkehrs oder Geldverkehrs oder des Frauenhandels;

des Verbrechens des Staatsverrates, der Gefährdung des Friedens, ferner der Verletzung militärischer Geheimnisse oder der Ausspähung im Frieden, es sei denn, daß der Täter Angehöriger eines fremden Staates ist und die Tat auf dem Gebiet eines fremden Staates zugunsten seines Heimatsstaates begangen hat;

eines anarchistischen Verbrechens oder Vergehens, eines Verbrechens oder Vergehens gegen die Sicherheit des ausländischen Urkundenverkehrs oder Geldverkehrs oder eines der im 35. Hauptstück angeführten Verbrechen, wenn der Täter nicht ausgeliefert wird;

einer anderen strafbaren Handlung, deren Verfolgung im Inlande durch Gesetz oder Vertrag besonders angeordnet ist.

Die Bestimmungen gelten auch für den Inländer, der zur Zeit der Tat Ausländer war.

§ 87. Begeht ein Ausländer im Ausland ein im § 86 nicht angeführtes Verbrechen, wegen dessen die Auslieferung zulässig wäre, so kann der Justizminister die Verfolgung anordnen, wenn die Auslieferung unausführbar und die Strafbarkeit oder die Verfolgung des Täters nach dem Rechte des Tatortes nicht ausgeschlossen ist.

Der Täter wird sodann nach den Bestimmungen des inländischen Strafgesetzes beurteilt. Ist das Recht des Tatortes dem Täter günstiger, so sind die Bestimmungen und Einrichtungen des inländischen Rechtes anzuwenden, die nicht ungünstiger sind als die des ausländischen Rechtes und diesen am nächsten kommen.

Die Bestimmungen gelten auch für den Inländer, der zur Zeit der Tat Ausländer war.

Anrechnung einer im Auslande verbüßten Strafe.

§ 88. Wird jemand im Inland einer strafbaren Handlung schuldig erkannt, wegen der er im Ausland eine Strafe erlitten hat, so ist diese Strafe auf die neu zu verhängende angemessen anzurechnen. Besteht keine ähnliche Strafe im Inlande, so hat das Gericht zu bestimmen, in welcher Art und Dauer sie auf die inländische Strafe anzurechnen sei.

Würde das Gericht voraussichtlich keine strengere Strafe verhängen, als die im Auslande bereits vollzogene, und kommt auch die Verhängung von Straffolgen und Sicherungsmitteln nicht in Betracht, so kann der öffentliche Ankläger die Verfolgung unterlassen.

Eine Strafe, die ein ausländisches Gericht verhängt hat, darf im Inlande nicht vollzogen werden.

3. Abschnitt. Auslieferung.

§ 89. Inländer werden nicht ausgeliefert. Ungarische Staatsbürger und Angehörige der Länder Bosnien und Herzegowina werden nur an ihr Heimatland ausgeliefert.

Die Verpflichtung, Angehörige fremder Staaten auszuliefern, wird durch Staatsverträge festgestellt.

Wird die Auslieferung von einem ausländischen Staate nur wegen bestimmter Handlungen gewährt, so darf nur wegen dieser Handlungen verfolgt werden.

VI. Hauptstück. Erklärung einiger im Gesetze vorkommender Ausdrücke.

§ 90. Was das Gesetz im allgemeinen für Handlungen des Täters bestimmt, gilt auch für Unterlassungen.

Wenn das Gesetz im allgemeinen von dem Täter spricht, ist darunter auch der Anstifter und der Gehilfe zu verstehen.

§ 91. Unter Inland wird das Gebiet der im Reichsrate vertretenen Königreiche und Länder verstanden.

Der Ausdruck fremder Staat oder fremde Regierung bezieht sich nicht auf die Länder der heiligen ungarischen Krone und auf Bosnien und die Herzegowina.

Unter Angehörigen der Monarchie sind die Inländer, die ungarischen Staatsbürger und die Angehörigen der Länder Bosnien und Herzegowina zu verstehen.

§ 92. Jahre und Monate sind nach dem Kalender zu berechnen. Die Fristen werden so berechnet, daß der Tag nicht mitgezählt wird, an dem der Umstand eintritt, der den Fristenlauf begründet.

§ 93. Der Ausdruck Sicherungsmittel bezieht sich auch auf die Anhaltung in einer Zwangsarbeitsanstalt oder Besserungsanstalt.

§ 94. Eine Handlung ist öffentlich begangen,

wenn sie an einem allgemein zugänglichen Ort in einer für mehr als zwei Personen wahrnehmbaren Weise oder wenn sie vor mehr als zwei Personen verübt wird, sofern es sich nicht um eine Mitteilung handelt, die im Familienkreise des Täters stattgefunden hat oder sonst nach den Umständen des Falles als eine vertrauliche anzusehen ist;

wenn sie dadurch verübt wird, daß eine Druckschrift, eine andere Schrift oder eine bildliche Darstellung verbreitet oder an einem allgemein zugänglichen Ort angeschlagen oder ausgestellt wird.

§ 95. Unter Druckschrift wird jedes Erzeugnis der Buchdruckerpresse sowie jede zur Verbreitung bestimmte, durch andere mechanische oder chemische Mittel erzeugte Vervielfältigung einer Schrift, bildlichen Darstellung oder eines Tonwerkes mit Text oder Erläuterungen verstanden.

§ 96. Unter Anwendung von Gewalt ist auch die Versetzung in einen Zustand der Wehrlosigkeit oder Bewußtlosigkeit zu verstehen.

§ 97. Unter verfassungsmäßigen Vertretungskörpern werden die beiden Häuser des Reichsrates, die Delegation des Reichsrates, die Landtage, die Abteilungen und Ausschüsse dieser Vertretungskörper, die Kommission zur Kontrolle der Staatsschuld, der Staatsgerichtshof und im Falle verbürgter Gegenseitigkeit die Delegation des ungarischen Reichstages und ihre Abteilungen und Ausschüsse verstanden.

§ 98. Öffentliche Körperschaften sind die Gemeindevertretungen und Bezirksvertretungen und ihre Ausschüsse, die Kommissionen, die zur Bemessung der direkten Steuern berufen sind, und alle anderen auf Grund eines Gesetzes zur Besorgung öffentlicher Angelegenheiten berufenen Körperschaften.

§ 99. Als öffentliche Behörden sind die zur Besorgung der gemeinsamen Angelegenheiten der Monarchie berufenen Behörden, alle im Dienste des Staates, eines Landes, Bezirkes oder einer Gemeinde stehenden Behörden, die Kommissionen, die zur Bemessung der direkten Steuern berufen sind, und alle Militärbehörden einschließlich der untergeordneten Amtsstellen anzusehen.

Den staatlichen Behörden sind die Hofbehörden gleichgestellt, soweit sie mit staatlichen Aufgaben betraut sind.

§ 100. Als öffentliche Beamte sind anzusehen

Beamte, angestellte Hilfsorgane und Diener der öffentlichen Behörden, verfassungsmäßigen Vertretungskörper und öffentlichen Körperschaften;

Leiter und Lehrer öffentlicher Schulen;

durch Wahl, Bestellung oder Gesetz zu einer dem bezeichneten Dienste gleichzustellenden öffentlichen Tätigkeit berufene Personen, insbesondere Schiedsrichter, Laienrichter, Notare, Mitglieder der Kommissionen, die zur Bemessung der direkten Steuern berufen sind, Mitglieder der Ausschüsse eines Landes, Bezirkes oder einer Gemeinde, Gemeindevorsteher und ihre Stellvertreter;

Seelsorger gesetzlich anerkannter Kirchen oder Religionsgesellschaften, sowie Leiter und Lehrer der mit Öffentlichkeitsrecht ausgestatteten Privatschulen in ihrer Eigenschaft als zur Ausstellung öffentlicher Urkunden befugte Personen;

öffentliche Zivilwachen.

§ 101. Als Personen des öffentlichen Dienstes sind anzusehen

die im § 100 genannten Personen und die Militärpersonen,

Personen, die zur Aufsicht oder zum Betriebe von Eisenbahnen und Schiffen bestellt sind, die mit Anwendung einer elementaren Kraft betrieben werden und dem allgemeinen Verkehre dienen oder doch einer besonderen staatlichen Aufsicht unterstehen;

zum Schutze von Menschen oder Eigentum bestellte und öffentlich beglaubigte Personen, wenn sie das vorgeschriebene Dienstkleid oder Dienstesabzeichen tragen.

Den Personen des öffentlichen Dienstes sind die ausländischen Organe gleichgestellt, die zur Ausübung der Befugnisse ihres Amtes oder Dienstes im Inlande berechtigt sind.

Wer Schiffer oder Schiffsmann ist, bestimmen die Vorschriften über das Seerecht.

§ **102.** Unter der bewaffneten Macht wird auch das Gendarmeriekorps und seine Abteilungen verstanden.

Unter Kriegszeit wird die Zeit verstanden, während der ein Krieg gegen die Monarchie geführt wird und die Zeit, in der wegen des unmittelbar zu erwartenden Ausbruches eines Krieges militärische Vorkehrungen getroffen werden.

§ **103.** Eine strafbare Handlung ist im Familienverhältnisse begangen, wenn sie verübt wird

an einem Verwandten in aufsteigender oder absteigender Reihe;

an dem Ehegatten während des ehelichen Beisammenlebens;

an Verschwägerten in aufsteigender oder absteigender Reihe, an Geschwistern oder deren Ehegatten, an Geschwistern des Ehegatten, der Eltern oder Großeltern, an Neffen, Nichten oder Geschwisterkindern, an Wahleltern oder Pflegeeltern oder am Vormunde, solange zwischen dem Täter und dem Verletzten häusliche Gemeinschaft besteht.

§ **104.** Unter nahen Angehörigen werden die Verwandten und Verschwägerten des Täters in aufsteigender und absteigender Reihe, sein Ehegatte und dessen Geschwister, seine Geschwister und deren Ehegatten, die Geschwister seiner Eltern und Großeltern, seine Neffen, Nichten, Geschwisterkinder, Wahleltern und Pflegeeltern, Wahlkinder und Pflegekinder, sein Vormund und sein Mündel verstanden.

§ **105.** Unter dem Ausdrucke Sache werden auch Elektrizität, Dampf und andere Energien verstanden.

Die Ausdrücke Lebensmittel und Gebrauchsgegsnstand werden in dem Gesetze, betreffend den Verkehr mit Lebensmitteln, erklärt.

§ **106.** Wenn der Wert einer Sache oder eines Gutes oder der Betrag eines Vermögensnachteiles für die Strafbarkeit oder das Maß der Strafe ausschlaggebend sind, so werden sie zwar mit Rücksicht auf die Person des Verletzten, aber ohne Rücksicht auf entgangenen Gewinn, Tilgung einer verursachten Beleidigung und Wert der besonderen Vorliebe bestimmt.

§ **107.** Ein Verbrechen oder Vergehen ist als ein anarchistisches zu betrachten, wenn der Täter durch dessen Verübung unmittelbar oder mittelbar die Beseitigung jeder staatlichen oder gesellschaftlichen Ordnung herbeizuführen oder zu fördern bezweckt.

§ **108.** Die Bestimmungen dieses Hauptstückes gelten für den Bereich der Strafgesetze.

II. Teil. Die strafbaren Handlungen und ihre Strafen.

VII. Hauptstück. Strafbare Handlungen gegen den Bestand und die Sicherheit des Staates.

Hochverrat gegen die Person des Kaisers.

§ **109.** 1. Wer mit dem Vorsatze, den Kaiser zu töten, eine unmittelbar zur Ausübung führende Handlung vornimmt, wird mit dem Tode bestraft.

2. Wer mit dem Vorsatze, den Kaiser am Körper zu verletzen, an der Gesundheit zu schädigen oder am Gebrauche seiner persönlichen Freiheit oder an der Ausübung seiner Regierungsrechte zu hindern, eine unmittelbar zur Ausübung führende Handlung vornimmt, wlrd mit Kerker oder Gefängnis von fünf bis zu zwanzig Jahren bestraft.

Hochverrat in bezug auf die Verfassung und das Gebiet der Monarchie.

§ **110.** Wer mit dem Vorsatze,

1. gewaltsam die gesetzliche Thronfolgeordnung, die Verfassung der im Reichsrate vertretenen Königreiche und Länder, ihren Verband mit den Ländern der ungarischen Krone, den Verband dieser beiden Ländergebiete mit Bosnien und der Herzegowina oder die Verfassung eines einzelnen der im Reichsrate vertretenen Königreiche und Länder zu ändern,

2. gewaltsam das Gebiet der Monarchie oder einen Teil einem fremden Staat einzuverleiben oder einen Teil loszutrennen,

3. gewaltsam einen Teil des Gebietes der im Reichsrate vertretenen Königreiche und Länder von seinem verfassungsmäßigen Verbande loszutrennen,

eine unmittelbar zur Ausübung führende Handlung vornimmt, wird mit Kerker oder Gefängnis von fünf bis zu zwanzig Jahren bestraft.

Erlöschen der Strafbarkeit.

§ **111.** Wenn die Voraussetzungen des § 16 eintreten und wenn aus der Tätigkeit der Beteiligten kein Nachteil entstanden ist oder der Täter bewirkt, daß ein entstandener Nachteil beseitigt wird, erlischt die Strafbarkeit des Täters wegen Hochverrates.

Vorbereitung zum Hochverrate.

§ **112.** 1. Wer einen Hochverrat vorbereitet, wird mit Kerker von einem bis drei Jahren oder mit Gefängnis oder Haft von drei Monaten bis zu drei Jahren bestraft.

2. Wer einen Hochverrat gegen die Person des Kaisers vorbereitet;

3. wer sich mit einer fremden Regierung ins Einvernehmen setzt, um einen Hochverrat auszuführen,

wird mit Kerker oder Gefängnis von einem bis zu zehn Jahren bestraft.

Förderung anarchistischer Unternehmungen.

§ 113. 1. Wer eine Verbindung gründet, die mittelbar oder unmittelbar die Beseitigung jeder staatlichen oder gesellschaftlichen Ordnung herbeizuführen oder zu fördern bezweckt, wer einer solchen Verbindung beitritt oder sie fördert;

2. wer eine Zusammenkunft, die diesem Zwecke dienen soll, veranstaltet oder fördert,

wird mit Gefängnis von vier Wochen bis zu drei Jahren bestraft.

Gefährdung des Friedens.

§ 114. 1. Wer die Gefahr eines bewaffneten Angriffes auf die Monarchie herbeiführt;

2. wer im Einvernehmen mit einer fremden Macht einen Aufstand in der Monarchie erregt oder fördert,

wird mit Kerker oder Gefängnis von zwei bis zu fünfzehn Jahren bestraft.

§ 115. Wer durch eine Druckschrift eine unwahre oder entstellte Nachricht verbreitet, durch welche die Beziehungen der Monarchie zu einem fremden Staate gefährdet werden, wird mit Gefängnis oder Haft von einer Woche bis zu einem Jahr oder mit Geldstrafe von fünfzig bis zu viertausend Kronen bestraft.

Staatsverrat.

§ 116. 1. Wer ein Staatsgeheimnis oder eine Tatsache, Schrift oder einen Gegenstand, die im Staatsinteresse einem ausländischen Staate gegenüber geheimgehalten werden, veröffentlicht oder einer ausländischen Regierung mitteilt oder zugänglich macht;

2. wer ein Beweismittel über ein Rechtsverhältnis zwischen dem Staat und einem ausländischen Staate zum Nachteile des Staates vernichtet, unterdrückt oder verfälscht;

3. wer ein von der Regierung ihm übertragenes Staatsgeschäft zum Nachteile des Staates führt, um einen ausländischen Staat zu begünstigen,

wird mit Kerker oder Gefängnis von zwei bis zu fünfzehn Jahren bestraft.

Verrat im Kriege.

§ 117. 1. Wer in Kriegszeiten dem Feind einen Vorteil verschafft oder der Kriegsmacht der Monarchie oder eines Bundesgenossen einen Nachteil zufügt, wird mit Kerker von zwei bis zu fünfzehn Jahren bestraft.

2. Der Täter, der eine Festung oder Streitkräfte der Monarchie oder eines Bundesgenossen in die Gewalt des Feindes bringt, einen Operationsplan dem Feinde verrät oder sonst der Kriegsmacht der Monarchie oder eines Bundesgenossen einen sehr schweren Nach-

teil zufügt, wird mit Kerker von fünf bis zu zwanzig Jahren oder mit lebenslangem Kerker bestraft.

Der Angehörige eines fremden Staates, der dem Feinde Kriegserfordernisse liefert oder Darlehen gibt, ist wegen Verrates im Kriege nicht strafbar, es wäre denn, daß er im Gebiete der Monarchie oder in einem von ihren Streitkräften besetzten Gebiete wohnt oder daß die Kriegserfordernisse aus diesen Gebieten stammen.

Kriegsdienst beim Feinde.

§ **118.** 1. Der Angehörige der Monarchie, der in Kriegszeiten in den Kriegsdienst des Feindes tritt, wird mit Kerker oder Gefängnis von einem bis zu zehn Jahren bestraft.

2. Der Angehörige der Monarchie, der trotz des Ausbruches eines gegen die Monarchie geführten Krieges freiwillig im Kriegsdienste des Feindes bleibt, wird mit Gefängnis oder Haft von sechs Monaten bis zu fünf Jahren bestraft.

Begünstigung eines Kriegsgefangenen.

§ **119.** Wer die Flucht eines Kriegsgefangenen der Monarchie oder ihres Bundesgenossen lediglich in der Absicht fördert, dem Gefangenen zur Freiheit zu verhelfen, wird mit Gefängnis oder Haft von einer Woche bis zu einem Jahre bestraft.

Wer nur in dieser Absicht die Flucht eines nahen Angehörigen fördert, ist nicht strafbar.

Begünstigung eines feindlichen Spions oder Kundschafters.

§ **120.** 1. Wer in Kriegszeiten einen feindlichen Spion oder Kundschafter aufnimmt, verbirgt oder ihm sonst Beistand leistet, wird mit Kerker oder Gefängnis von einem bis zu zehn Jahren bestraft.

2. Handelt der Täter lediglich in der Absicht, den Spion oder Kundschafter der Bestrafung zu entziehen, so wird er mit Gefängnis von vier Wochen bis zu drei Jahren bestraft. Wer nur in dieser Absicht einen nahen Angehörigen begünstigt, ist nicht strafbar.

Beteiligung an einem Anlehen eines feindlichen Staates.

§ **121.** Wer in Kriegszeiten entgegen einem Regierungsverbote sich an einem Anlehen eines feindlichen Staates beteiligt oder die Ausgabe eines solchen Anlehens fördert, wird mit Gefängnis oder Haft von drei Monaten bis zu drei Jahren bestraft. Neben der Freiheitsstrafe kann Geldstrafe bis zu zehntausend Kronen verhängt werden.

Verletzung einer Lieferungspflicht.

§ **122.** 1. Wer in Kriegszeiten seine durch Vertrag oder Vorschrift begründete Pflicht verletzt, für die bewaffnete Macht der Monarchie oder eines Bundesgenossen Gegenstände des Kriegsbedarfes zu liefern, solche Gegenstände oder Truppen zu befördern oder Arbeiten auszuführen;

2. der Unterlieferant, Vermittler oder Bedienstete bei einer solchen Lieferung, Beförderung oder Arbeit, der in Kriegszeiten durch Verletzen seiner Pflichten die Leistung gefährdet oder vereitelt, wird mit Gefängnis von einer Woche bis zu einem Jahre bestraft.

3. Wenn durch die Tat die militärischen Interessen der Monarchie gefährdet wurden, ist auf Gefängnis von drei Monaten bis zu drei Jahren zu erkennen.

Neben der Freiheitsstrafe kann in allen Fällen Geldstrafe bis zu zwanzigtausend Kronen verhängt werden.

Verletzung militärischer Geheimnisse.

§ **123.** 1. Wer eine Tatsache, Vorkehrung oder einen Gegenstand, die sich auf die Kriegsmacht oder die militärische Verteidigung der Monarchie beziehen und nicht öffentlich getroffen oder behandelt werden, einem Unbefugten mitteilt oder zugänglich macht, wird mit Gefängnis oder Haft von vier Wochen bis zu drei Jahren bestraft, wenn durch die Tat die militärischen Interessen der Monarchie gefährdet werden.

2. Wer eine Tatsache, Vorkehrung oder einen Gegenstand, die sich auf die Kriegsmacht oder die militärische Verteidigung der Monarchie beziehen und nicht öffentlich getroffen oder behandelt werden, einem anderen mitteilt oder zugänglich macht, um sie einem fremden Staate zukommen zu lassen, wird mit Kerker oder Gefängnis von einem bis zu zehn Jahren bestraft.

§ **124.** 1. Wer in Kriegszeiten eine Tatsache, Vorkehrung oder einen Gegenstand, die sich auf die Kriegsmacht oder die militärische Verteidigung der Monarchie oder eines Bundesgenossen beziehen und nicht öffentlich getroffen oder behandelt werden, einem Unbefugten mitteilt oder zugänglich macht, wird mit Kerker oder Gefängnis von einem bis zu zehn Jahren bestraft, wenn durch die Tat die militärischen Interessen der Monarchie gefährdet werden.

2. Wer in Kriegszeiten eine Tatsache, Vorkehrung oder einen Gegenstand, die sich auf die Kriegsmacht oder die militärische Verteidigung der Monarchie oder eines Bundesgenossen beziehen und nicht öffentlich getroffen und behandelt werden, einem anderen mitteilt oder zugänglich macht, um sie dem Feinde zukommen zu lassen, wird mit Kerker oder Gefängnis von zwei bis zu fünfzehn Jahren bestraft.

§ **125.** Wer fahrlässig bewirkt, daß eine Tatsache, Vorkehrung oder ein Gegenstand der im § 123 bezeichneten Art, die ihm in der Eigenschaft eines öffentlichen Beamten oder infolge einer für die Kriegsverwaltung übernommenen Lieferung oder Arbeit bekannt geworden oder anvertraut sind, zur Kenntnis oder in den Besitz eines Unbefugten gelangt, wird mit Gefängnis oder Haft von einer Woche bis zu einem Jahre bestraft, wenn durch die Tat die militärischen Interessen der Monarchie gefährdet werden.

Ausspähung.

§ 126. 1. Wer eine Tatsache, Vorkehrung oder einen Gegenstand ausspäht, die sich auf die Kriegsmacht oder die militärische Verteidigung der Monarchie beziehen und nicht öffentlich getroffen oder behandelt werden, wird mit Gefängnis oder Haft von vier Wochen bis zu drei Jahren bestraft.

2. Handelt der Täter in der Absicht, einem fremden Staat eine Mitteilung zukommen zu lassen, so wird er mit Kerker oder Gefängnis von einem bis zu zehn Jahren bestraft.

§ 127. 1. Wer in Kriegszeiten eine Tatsache, Vorkehrung oder einen Gegenstand ausspäht, die sich auf die Kriegsmacht oder die militärische Verteidigung der Monarchie beziehen und nicht öffentlich getroffen oder behandelt werden, wird mit Kerker oder Gefängnis von einem bis zu zehn Jahren bestraft.

2. Handelt der Täter in der Absicht, dem Feinde eine Mitteilung zukommen zu lassen, so wird er mit Kerker oder Gefängnis von zwei bis zu fünfzehn Jahren bestraft.

Die Strafbarkeit erlischt, wenn der Täter vor seiner Betretung zu der feindlichen Armee zurückgekehrt ist, der er angehört.

Einrichtung eines verräterischen Nachrichtendienstes.

§ 128. 1. Wer Brieftauben hält oder sonst eine Vorkehrung trifft, die dazu dienen soll, Nachrichten über die Kriegsmacht oder die militärische Verteidigung der Monarchie einem fremden Staate zukommen zu lassen, wird mit Gefängnis oder Haft von einer Woche bis zu einem Jahre bestraft.

2. Wer die Tat in Kriegszeiten begeht, wird mit Gefängnis oder Haft von drei Monaten bis zu drei Jahren bestraft.

Die Strafbarkeit erlischt, wenn der Täter freiwillig und nicht, weil er weiß, daß seine Tat entdeckt ist, den Gegenstand vernichtet.

Veröffentlichung militärischer Vorkehrungen.

§ 129. 1. Wer in einer Druckschrift über die Streitkräfte der Monarchie, über ihre Befestigungen, Kriegserfordernisse oder öffentlichen Verkehrsanstalten eine Mitteilung veröffentlicht, wird wegen Vergehens mit Gefängnis oder Haft von drei Tagen bis zu sechs Monaten oder mit Geldstrafe von zwanzig bis zu zweitausend Kronen bestraft, wenn die Veröffentlichung einem gehörig kundgemachten Verbote der Regierung widerstreitet oder die militärischen Interessen der Monarchie offenbar gefährdet.

2. Wer in Kriegszeiten in einer Druckschrift eine Mitteilung dieser Art veröffentlicht, die sich auf die Monarchie oder einen Bundesgenossen bezieht, wird mit Gefängnis oder Haft von einer Woche bis zu einem Jahre oder mit Geldstrafe von fünfzig bis zu viertausend Kronen bestraft, wenn eine der bezeichneten Bedingungen zutrifft.

Aufnahme militärischer Befestigungen.

§ 130. Wer ohne Bewilligung einer öffentlichen Behörde ein Bild, einen Riß oder Plan einer Befestigung, eines zu Verteidigungszwecken hergerichteten Geländes oder Ortes der Monarchie aufnimmt oder veröffentlicht, wird mit Haft bis zu sechs Wochen oder mit Geldstrafe bis zu fünfhundert Kronen bestraft.

Schmälerung der bürgerlichen Ehrenrechte.

§ 131. Auf Schmälerung der bürgerlichen Ehrenrechte für die Dauer der zu verbüßenden Strafe und einen weiteren Zeitraum von fünf Jahren kann erkannt werden, wenn der Täter zu einer Gefängnisstrafe von mindestens sechs Monaten verurteilt wird.

VIII. Hauptstück. Beteiligung an militärischen Verbrechen und unbefugte Werbung.

Anstiftung und Beihilfe zu militärischen Verbrechen.

§ 132. 1. Wer eine Militärperson der Monarchie zur Desertion oder zu einer anderen vom Militärstrafgesetz als Verbrechen behandelten Verletzung der Dienstpflicht bestimmt, zu bestimmen versucht oder ihr dazu Hilfe leistet, wird mit Gefängnis oder Haft von zwei Wochen bis zu zwei Jahren bestraft.

2. Wer die Tat in Kriegszeiten begeht, wird mit Gefängnis von drei Monaten bis zu fünf Jahren bestraft.

Begünstigung eines Deserteurs.

§ 133. 1. Wer ohne vorausgegangenes Einverständnis die Flucht eines Deserteurs fördert oder ihn verbirgt, wird mit Gefängnis oder Haft von einer Woche bis zu einem Jahre bestraft.

2. Wer die Tat in Kriegszeiten begeht, wird mit Gefängnis von zwei Wochen bis zu zwei Jahren bestraft.

Wer die Desertion eines nahen Angehörigen begünstigt, ist nicht strafbar.

Unbefugte Werbung.

§ 134. Wer ohne Bewilligung der Regierung einen Angehörigen der Monarchie für fremden Kriegsdienst anwirbt oder einen für fremden Kriegsdienst Angeworbenen diesem zuführt, wird mit Gefängnis oder Haft von zwei Wochen bis zu zwei Jahren bestraft. Neben der Freiheitsstrafe kann Geldstrafe bis zu zweitausend Kronen verhängt werden.

IX. Hauptstück. Majestätsbeleidigung und Beleidigung von Mitgliedern des kaiserlichen Hauses.

Majestätsbeleidigung.

§ 135. 1. Wer den Kaiser öffentlich oder in der Absicht, zur Mißachtung gegen ihn aufzureizen, beleidigt oder beschimpft, wird mit Gefängnis oder Haft von vier Wochen bis zu drei Jahren bestraft.

2. Wer den Kaiser angesichts seiner Person beleidigt oder beschimpft, wird mit Gefängnis oder Haft von drei Monaten bis zu fünf Jahren bestraft.

3. Wer gegen den Kaiser eine Tätlichkeit verübt oder ihn mit einer Tätlichkeit bedroht, wird mit Kerker oder Gefängnis von zwei bis zu fünfzehn Jahren bestraft.

Beleidigung eines Mitgliedes des kaiserlichen Hauses.

§ **136.** 1. Wer ein Mitglied des kaiserlichen Hauses öffentlich oder in der Absicht, zur Mißachtung gegen dieses aufzureizen, beleidigt oder beschimpft, wird mit Gefängnis oder Haft von zwei Wochen bis zu zwei Jahren bestraft.

2. Wer ein Mitglied des kaiserlichen Hauses angesichts seiner Person beleidigt oder beschimpft, wird mit Gefängnis oder Haft von vier Wochen bis zu drei Jahren bestraft.

3. Wer gegen ein Mitglied des kaiserlichen Hauses eine Tätlichkeit verübt oder es mit einer Tätlichkeit bedroht, wird mit Kerker von einem bis zu fünf Jahren oder mit Gefängnis von sechs Monaten bis zu fünf Jahren bestraft.

§ **137.** Wer ein verstorbenes Mitglied des kaiserlichen Hauses öffentlich beleidigt oder beschimpft, wird mit Gefängnis oder Haft von einer Woche bis zu einem Jahre bestraft.

Die Verfolgung wegen Beleidigung ist ausgeschlossen, wenn seit dem Tode des Mitgliedes des kaiserlichen Hauses dreißig Jahre verstrichen sind.

X. Hauptstück. Strafbare Handlungen gegen die Länder der ungarischen Krone und gegen Bosnien und die Herzegowina.

Gewalttätiger Angriff gegen die Länder der ungarischen Krone.

§ **138.** Wer mit dem Vorsatze, gewaltsam die Verfassung der Länder der ungarischen Krone zu ändern oder einen Teil dieser Länder von ihrem verfassungsmäßigen Verbande loszutrennen, eine unmittelbar zur Ausübung führende Handlung vornimmt, wird mit Gefängnis oder Haft von drei Monaten bis zu drei Jahren bestraft, soferne die Gegenseitigkeit gesetzlich verbürgt ist.

Der Täter wird nur mit Ermächtigung der ungarischen Regierung verfolgt.

Die Bestimmung des § 111 ist anzuwenden.

Verletzung eines ungarischen Hoheitszeichens.

§ **139.** Wer ein öffentlich und befugterweise im Inland angebrachtes Hoheitszeichen der Länder der ungarischen Krone beschädigt oder beseitigt, um seine feindselige Gesinnung kundzugeben, wird wegen Vergehens mit Gefängnis oder Haft von drei Tagen bis zu sechs Monaten bestraft.

Gewalttätiger Angriff gegen Bosnien und die Herzegowina.

140. Wer mit dem Vorsatze, gewaltsam die Verfassung der Länder Bosnien und Herzegowina zu ändern oder einen Teil dieser Länder von ihrem verfassungsmäßigen Verbande loszutrennen, eine unmittelbar zur Ausübung führende Handlung vornimmt, wird mit Gefängnis oder Haft von drei Monaten bis zu drei Jahren bestraft.

Der Täter wird nur mit Ermächtigung der Regierung dieser Länder verfolgt.

Die Bestimmung des § 111 ist anzuwenden.

XI. Hauptstück. Strafbare Handlungen gegen fremde Staaten und Souveräne.

Gewalttätiger Angriff gegen einen fremden Staat.

§ 141. Wer mit dem Vorsatze, gewaltsam die Verfassung eines fremden Staates zu ändern, sein Gebiet oder einen Teil einem anderen Staat einzuverleiben oder einen Teil des Gebietes von seinem verfassungsmäßigen Verbande loszutrennen, eine unmittelbar zur Ausübung führende Handlung vornimmt, wird mit Gefängnis oder Haft von drei Monaten bis zu drei Jahren bestraft, soferne die Gegenseitigkeit gesetzlich verbürgt ist und die Monarchie mit dem fremden Staate sich im Frieden befindet.

Der Täter wird nur mit Ermächtigung der Regierung des fremden Staates verfolgt.

Die Bestimmung des § 111 ist anzuwenden.

Tätlichkeit und öffentliche Beschimpfung gegen das Oberhaupt eines fremden Staates oder einen fremden Souverän.

§ 142. 1. Wer das Oberhaupt eines fremden Staates oder einen fremden Souverän öffentlich beschimpft, wird wegen Vergehens mit Gefängnis oder Haft von einer Woche bis zu sechs Monaten bestraft.

2. Wer gegen das Oberhaupt eines fremden Staates oder einen fremden Souverän eine Tätlichkeit verübt oder sie mit einer Tätlichkeit bedroht, wird mit Gefängnis oder Haft von vier Wochen bis zu drei Jahren bestraft.

Die Tat, die sich gegen das Oberhaupt eines fremden Staates richtet, ist nur dann strafbar, wenn die Monarchie mit diesem Staate sich im Frieden befindet.

Der Täter wird nur mit Ermächtigung der diplomatischen Vertretung des fremden Staates oder Souveräns verfolgt.

Tätlichkeit und öffentliche Beschimpfung gegen einen Gesandten.

§ 143. 1. Wer einen bei der Monarchie beglaubigten Gesandten (Geschäftsträger) öffentlich beschimpft, wird wegen Vergehens mit Gefängnis oder Haft von drei Tagen bis zu sechs Monaten bestraft.

2 Wer gegen einen bei der Monarchie beglaubigten Gesandten

eine Tätlichkeit verübt oder ihn mit einer Tätlichkeit bedroht, wird mit Gefängnis oder Haft von einer Woche bis zu einem Jahre bestraft.

Der Täter wird nur mit Ermächtigung der diplomatischen Vertretung verfolgt.

Verletzung eines fremden Hoheitszeichens.

§ **144**. Wer ein öffentlich und befugterweise im Inland angebrachtes Hoheitszeichen, Emblem oder Wappen eines fremden Staates oder Souveräns beschädigt oder beseitigt, um seine feindselige Gesinnung kundzugeben, wird wegen Vergehens mit Gefängnis oder Haft von drei Tagen bis zu sechs Monaten oder mit Geldstrafe von zwanzig bis zu zweitausend Kronen bestraft.

Neutralitätsbruch.

§ **145**. Wer einem Verbote zuwiderhandelt, das die Regierung zur Wahrung der Neutralität erlassen und im Reichsgesetzblatte kundgemacht hat, wird mit Gefängnis von einer Woche bis zu einem Jahre bestraft. Neben der Freiheitsstrafe kann Geldstrafe bis zu fünfzigtausend Kronen verhängt werden.

XII. Hauptstück. Strafbare Handlungen gegen verfassungsmäßige Vertretungskörper und öffentliche Körperschaften.

Störung der Tätigkeit eines verfassungsmäßigen Vertretungskörpers oder einer öffentlichen Körperschaft.

§ **146**. 1. Wer gegen einen verfassungsmäßigen Vertretungskörper oder eines seiner Mitglieder Gewalt anwendet oder damit droht, um die gesetzmäßige Tätigkeit des Vertretungskörpers zu hindern oder zu stören, wird mit Gefängnis oder Haft von sechs Monaten bis zu fünf Jahren bestraft.

2. Wer die Tat in bezug auf eine öffentliche Körperschaft begeht, wird mit Gefängnis oder Haft von vier Wochen bis zu drei Jahren bestraft.

Nötigung eines Mitgliedes eines verfassungsmäßigen Vertretungskörpers oder einer öffentlichen Körperschaft.

§ **147**. 1. Wer gegen ein Mitglied eines verfassungsmäßigen Vertretungskörpers oder eine dem Mitgliede nahestehende Person Gewalt anwendet oder sie mit einem rechtswidrigen Nachteil an Körper, Freiheit, Ehre oder Vermögen bedroht, um das Mitglied an der Ausübung eines seiner Mitgliederrechte zu hindern oder zur Ausübung in einem bestimmten Sinne zu bewegen, wird mit Gefängnis oder Haft von drei Monaten bis zu fünf Jahren bestraft.

2. Wer die Tat in bezug auf ein Mitglied einer öffentlichen Körperschaft begeht, wird mit Gefängnis oder Haft von zwei Wochen bis zu zwei Jahren bestraft.

§ **148**. 1. Wer ein Mitglied eines verfassungsmäßigen Vertretungskörpers oder eine dem Mitgliede nahestehende Person mit einem Nachteil an Freiheit, Ehre oder Vermögen, zu dessen Zufügung er berechtigt ist, bedroht, um das Mitglied an der Ausübung eines seiner Mitgliederrechte zu hindern oder zur Ausübung in einem bestimmten Sinne zu bewegen, wird mit Gefängnis oder Haft von einer Woche bis zu einem Jahre bestraft.

2. Wer die Tat in bezug auf ein Mitglied einer öffentlichen Körperschaft begeht, wird wegen Vergehens mit Gefängnis oder Haft von drei Tagen bis zu sechs Monaten oder mit Geldstrafe von zwanzig bis zu zweitausend Kronen bestraft.

Bestechung.

§ **149.** 1. Wer jemandem einen Vermögensvorteil gewährt, verspricht oder anbietet, um mittelbar oder unmittelbar ein Mitglied eines verfassungsmäßigen Vertretungskörpers von der Ausübung eines seiner Mitgliederrechte abzuhalten oder zur Ausübung in einem bestimmten Sinne zu bewegen, wird mit Gefängnis oder Haft von zwei Wochen bis zu zwei Jahren bestraft.

2. Wer die Tat in bezug auf ein Mitglied einer öffentlichen Körperschaft begeht, wird mit Gefängnis oder Haft von einer Woche bis zu einem Jahre bestraft.

§ **150.** 1. Das Mitglied eines verfassungsmäßigen Vertretungskörpers, das für die Ausübung eines seiner Mitgliederrechte in einem bestimmten Sinn oder für das Unterlassen der Ausübung für sich oder einen Dritten einen Vermögensvorteil annimmt, sich versprechen läßt oder begehrt, wird mit Gefängnis von zwei Wochen bis zu zwei Jahren bestraft.

2. Das Mitglied einer öffentlichen Körperschaft, das die Tat begeht, wird mit Gefängnis von einer Woche bis zu einem Jahre bestraft.

Der dem Täter zugewendete Vermögensvorteil ist einzuziehen.

Fälschung der Abstimmung.

§ **151.** 1. Wer die Abstimmung eines verfassungsmäßigen Vertretungskörpers oder das Ergebnis der Abstimmung fälscht, wird mit Gefängnis oder Haft von zwei Wochen bis zu zwei Jahren bestraft.

2. Wer die Tat in bezug auf eine öffentliche Körperschaft begeht, wird mit Gefängnis oder Haft von einer Woche bis zu einem Jahre bestraft.

Herabwürdigung eines verfassungsmäßigen Vertretungskörpers.

§ **152.** 1. Wer in einer Druckschrift oder öffentlichen Versammlung oder vor einer Menschenmenge einen verfassungsmäßigen Vertretungskörper beschimpft oder, um ihn verächtlich zu machen, wider besseres Wissen eine unwahre oder entstellte Tatsache gegen ihn vorbringt, wird mit Gefängnis oder Haft von einer Woche bis zu einem Jahr oder mit Geldstrafe von fünfzig bis zu viertausend Kronen bestraft.

2. Wer in einer Druckschrift oder öffentlichen Versammlung oder vor einer Menschenmenge gegen einen verfassungsmäßigen Vertretungskörper eine unwahre oder entstellte Tatsache ohne zureichenden Grund, sie für wahr zu halten, vorbringt, um ihn verächtlich zu machen, wird wegen Vergehens mit Gefängnis oder Haft von drei Tagen bis zu sechs Monaten oder mit Geldstrafe von zwanzig bis zu zweitausend Kronen bestraft.

Verlust des Wahlrechtes und der Wählbarkeit.

§ **153.** Mit der Verurteilung wegen Vergehens nach den §§ 146 bis 151 ist der Verlust des Wahlrechts, der Mitgliedschaft und der Wählbarkeit in bezug auf verfassungsmäßige Vertretungskörper und öffentliche Körperschaften verbunden. Die Unfähigkeit, das Wahlrecht und die Wählbarkeit zu erlangen, besteht für die Dauer der zu verbüßenden Freiheitsstrafe und einen weiteren Zeitraum von sechs Jahren. Im Falle der Verurteilung zu einer Geldstrafe dauert sie bis zum Ablaufe von sechs Jahren seit dem Vollzuge der Strafe.

XIII. Hauptstück. Strafbare Handlungen gegen die Staatsgewalt.

Nötigung einer Person des öffentlichen Dienstes.

§ **154.** 1. Wer gegen eine Person des öffentlichen Dienstes Gewalt anwendet oder sie mit einem rechtswidrigen Nachteil an Körper, Freiheit, Ehre oder Vermögen bedroht, um die Vornahme einer Amtshandlung oder Dienstverrichtung zu hindern, wird mit Gefängnis oder Haft von zwei Wochen bis zu zwei Jahren bestraft.

2. Wenn der Täter rückfällig ist, so ist auf Gefängnis von vier Wochen bis zu zwei Jahren, wenn er wiederholt rückfällig ist, auf Gefängnis von sechs Monaten bis zu fünf Jahren zu erkennen.

Die Bestimmungen sind nicht anzuwenden, wenn die Handlung, gegen die sich der Widerstand richtet, einen Mißbrauch der Amtsgewalt begründet oder wenn die Person des öffentlichen Dienstes zur Vornahme der Handlung nach ihrem Wirkungskreise nicht berufen war.

§ **155.** Wer eine Person des öffentlichen Dienstes mit einem Nachteil an Freiheit, Ehre oder Vermögen, zu dessen Zufügung er berechtigt ist, bedroht, um die rechtmäßige Vornahme einer Amtshandlung oder Dienstverrichtung zu hindern, wird wegen Vergehens mit Gefängnis oder Haft von drei Tagen bis zu sechs Monaten bestraft.

§ **156.** 1. Wer gegen eine Person des öffentlichen Dienstes Gewalt anwendet oder sie mit einem rechtswidrigen Nachteil an Körper, Freiheit, Ehre oder Vermögen bedroht, um zur rechtswidrigen Vornahme einer Amtshandlung oder Dienstverrichtung zu nötigen, wird mit Gefängnis oder Haft von zwei Wochen bis zu zwei Jahren bestraft.

2. Wenn der Täter rückfällig ist, so ist auf Gefängnis von vier Wochen bis zu zwei Jahren, wenn er wiederholt rückfällig ist, auf Gefängnis von sechs Monaten bis zu fünf Jahren zu erkennen.

§ **157**. Wer eine Person des öffentlichen Dienstes mit einem Nachteil an Freiheit, Ehre oder Vermögen, zu dessen Zufügung er berechtigt ist, bedroht, um zur rechtswidrigen Vornahme einer Amtshandlung oder Dienstverrichtung zu nötigen, wird wegen Vergehens mit Gefängnis oder Haft von drei Tagen bis zu sechs Monaten bestraft.

Nötigung einer Person des öffentlichen Dienstes des Auslandes.

§ **158**. Des Vergehens nach § 154 oder 156 macht sich auch der Inländer schuldig, der die Tat im Auslande gegen eine Person des öffentlichen Dienstes des Auslandes begeht, soferne die Gegenseitigkeit gesetzlich verbürgt ist. War die Tat gegen eine Person des öffentlichen Dienstes eines fremden Staates gerichtet, so wird der Täter nur verfolgt, wenn der Justizminister es anordnet.

Beschimpfung und Mißhandlung einer Person des öffentlichen Dienstes.

§ **159**. 1. Wer eine Person des öffentlichen Dienstes beschimpft, während sie ihr Amt oder ihren Dienst ausübt, wird mit Gefängnis oder Haft bis zu drei Monaten oder mit Geldstrafe bis zu tausend Kronen bestraft.

2. Wer eine Person des öffentlichen Dienstes tätlich mißhandelt oder mit einer Mißhandlurg bedroht, während sie ihr Amt oder ihren Dienst ausübt, wird mit Gefängnis oder Haft bis zu sechs Monaten oder mit Geldstrafe bis zu zweitausend Kronen bestraft.

Einmengung in eine Amtshandlung oder Dienstverrichtung.

§ **160**. Wer sich in die gegen einen Dritten gerichtete Amtshandlung oder Dienstverrichtung einer Person des öffentlichen Dienstes einmengt, um sie zu hindern, wird mit Gefängnis oder Haft bis zu vier Wochen oder mit Geldstrafe bis zu dreihundert Kronen bestraft.

Aufruhr.

§ **161**. 1. Wer an einer öffentlichen Zusammenrottung teilnimmt, durch die mit gemeinsamer Anwendung oder Androhung von Gewalt die Vornahme einer Amtshandlung oder Diensverrichtung einer öffentlichen Behörde oder einer Person des öffentlichen Dienstes erzwungen oder gehindert werden soll, wird mit Gefängnis oder Haft von vier Wochen bis zu drei Jahren bestraft.

2. Wer bei der Zusammenrottung verharrt oder sich ihr anschließt, obwohl die bewaffnete Macht erschien und die Menge zwei-

mal aufgefordert wurde, auseinanderzugehen, wird mit Gefängnis oder Haft von drei Monaten bis zu fünf Jahren bestraft.

3. War die zusammengerottete Menge zum Angriff oder zum Widerstand organisiert und bewaffnet, so ist auf Kerker oder Gefängnis von einem bis zu zehn Jahren zu erkennen.

Auf den Inländer, der bei einem im Ausland entstandenen Aufruhr gegen eine Person des öffentlichen Dienstes Gewalt anwendet oder damit droht, sind die Bestimmungen der §§ 154, 156 und 158 anzuwenden.

§ **162.** Die Strafbarkeit wegen Aufruhrs erlischt für denjenigen, der sich von der Zusammenrottung zurückzieht, ehe sie einen Erfolg erzielt und ein Teilnehmer Gewalt angewendet hat. Der Anstifter und der Anführer wird straflos, wenn er überdies mit Erfolg dafür tätig war, daß sich alle Teilnehmer rechtzeitig zurückziehen.

Aufwiegelung.

1. Wer in einer Druckschrift oder öffentlichen Versammlung oder vor einer Menschenmenge dazu auffordert oder es anpreist, Pflichten nicht nachzukommen, die sich aus einem Gesetz, einer Verordnung, Anordnung einer öffentlichen Behörde oder Dienstvorschrift ergeben;

2. wer eine Verbindung zu dem Zwecke gründet, solche Pflichten nicht zu erfüllen, oder wer für sie Mitglieder wirbt,

wird wegen Vergehens mit Gefängnis oder Haft von drei Tagen bis zu sechs Monaten oder mit Geldstrafe von zwanzig bis zu zweitausend Kronen bestraft.

Herabwürdigung der Staatsgewalt.

§ **164.** 1. Wer in einer Druckschrift oder öffentlichen Versammlung oder vor einer Menschenmenge die Regierung, eine andere öffentliche Behörde, die bewaffnete Macht oder eine ihrer Abteilungen beschimpft oder, um sie verächtlich zu machen, wider besseres Wissen eine unwahre oder entstellte Tatsache gegen sie vorbringt, wird mit Gefängnis oder Haft von einer Woche bis zu einem Jahr oder mit Geldstrafe von fünfzig bis zu viertausend Kronen bestraft.

2. Wer in einer Druckschrift oder öffentlichen Versammlung oder vor einer Menschenmenge gegen die Regierung, eine andere öffentliche Behörde, die bewaffnete Macht oder eine ihrer Abteilungen, um sie verächtlich zu machen, eine unwahre oder entstellte Tatsache ohne zureichenden Grund, sie für wahr zu halten, vorbringt, wird wegen Vergehens mit Gefängnis oder Haft von drei Tagen bis zu sechs Monaten oder mit Geldstrafe von zwanzig bis zu zweitausend Kronen bestraft.

Richtet sich die Tat gegen die bewaffnete Macht oder eine ihrer Abteilungen, so wird der Täter nur mit Ermächtigung des vorgesetzten Ministers verfolgt. Die Ermächtigung kann zurückgenommen werden.

§ 165. Wer in einer Druckschrift oder öffentlichen Versammlung oder vor einer Menschenmenge wider besseres Wissen eine unwahre oder entstellte Tatsache vorbringt, um die Verfassung, ein Gesetz oder eine Entscheidung, Verordnung oder Anordnung einer öffentlichen Behörde verächtlich zu machen, wird mit Gefängnis oder Haft von einer Woche bis zu einem Jahr oder mit Geldstrafe von fünfzig bis zu viertausend Kronen bestraft.

Verletzung eines Abzeichens der Staatsgewalt.

§ 166. Wer ein öffentlich angebrachtes Abzeichen der Staatsgewalt beschädigt oder beseitigt, um seine feindselige Gesinnung kundzugeben, wird mit Gefängnis oder Haft von drei Tagen bis zu sechs Monaten bestraft.

XIV. Hauptstück. Verletzung der Amtspflichten.

Mißbrauch der Amtsgewalt.

§ 167. 1. Der öffentliche Beamte, der sein Amt oder seinen Dienst mißbraucht oder dessen Ausübung unterläßt, um dadurch sich oder einem anderen einen Vorteil zuzuwenden oder dem Gemeinwesen, dem er verpflichtet ist, oder sonst jemandem einen Nachteil zuzufügen, wird mit Kerker von einem bis zu fünf Jahren oder mit Gefängnis von drei Monaten bis zu fünf Jahren bestraft.

2. Handelt der Täter in der Absicht, jemandem einen sehr schweren Nachteil zuzufügen, so wird er mit Kerker oder Gefängnis von einem bis zu zehn Jahren, und wenn ein solcher Nachteil bei Ausübung der Rechtspflege zugefügt werden soll, mit Kerker oder Gefängnis von zwei bis zu fünfzehn Jahren bestraft.

Wegen Anstiftung oder Beihilfe ist auch der Inländer zu bestrafen, der einen ausländischen Richter zum Mißbrauche der Amtsgewalt anstiftet oder ihm dazu Hilfe leistet.

Verletzung der Amtspflicht im Kriege.

§ 168. 1. Der öffentliche Beamte, der in Kriegszeiten eine Amtspflicht oder Dienstpflicht verletzt, die ihm in bezug auf die Kriegsmacht oder die militärische Verteidigung der Monarchie obliegt, wird mit Gefängnis oder Haft von einer Woche bis zu einem Jahre bestraft.

2. Wenn durch die Tat die militärischen Interessen der Monarchie gefährdet wurden, ist auf Gefängnis von drei Monaten bis zu drei Jahren zu erkennen.

Urkundenvergehen im Amte.

§ 169. Der öffentliche Beamte, der

1. bei Ausübung seines Amtes oder Dienstes eine falsche Urkunde anfertigt oder eine echte Urkunde verfälscht;

2. ein öffentliches Buch, amtliches Register oder eine Urkunde, die ihm vermöge seines Amtes oder Dienstes anvertraut oder zu-

gänglich sind, vernichtet, beseitigt oder derart beschädigt, daß dadurch ihr Beweiswert verringert wird;

3. bei Ausübung seines Amtes oder Dienstes in einem öffentlichen Buch, amtlichen Register oder in einer Urkunde eine unwahre Tatsache von rechtlicher Bedeutung beurkundet,

wird mit Gefängnis von vier Wochen bis zu drei Jahren bestraft.

Widerrechtliche Beschlagnahme von Schriftstücken.

§ **170.** Die Person des öffentlichen Dienstes, die in Ausübung ihres Amtes oder Dienstes einen verschlossenen Brief oder ein anderes unter Verschluß gehaltenes Schriftstück in Beschlag nimmt oder öffnet, obwohl die gesetzlichen Bedingungen für diese Amtshandlungen fehlen, wird mit Gefängnis oder Haft bis zu drei Monaten oder mit Geldstrafe bis zu tausend Kronen bestraft.

Verletzung des Amtsgeheimnisses.

§ **171.** 1. Wer ein öffentliches Interesse oder ein berechtigtes Privatinteresse dadurch gefährdet, daß er über eine Tatsache, Schrift oder einen Gegenstand, die ihm in der Eigenschaft eines öffentlichen Beamten bekannt geworden sind und über die er das Amtsgeheimnis zu wahren hat, eine Mitteilung macht oder veröffentlicht;

2. wer ein Geschäftsgeheimnis oder Betriebsgeheimnis, das ihm in der Eigenschaft eines öffentlichen Beamten bekannt geworden ist, veröffentlicht oder einem Unbefugten mitteilt;

3. wer über Erwerb, Vermögen oder Einkommen eines Steuerpflichtigen, über den Inhalt einer Steuererklärung, eines Bekenntnisses oder der darüber gepflogenen Verhandlungen, die ihm in der Eigenschaft eines öffentlichen Beamten bei der Bemessung der direkten Steuern bekannt geworden sind, einem Unbefugten eine Mitteilung macht oder veröffentlicht,

wird mit Gefängnis oder Haft bis zu sechs Monaten oder mit Geldstrafe bis zu zweitausend Kronen bestraft.

4. Handelt der Täter in der Absicht, sich oder einem Dritten einen Vermögensvorteil zuzuwenden oder jemandem einen Vermögensnachteil zuzufügen, so wird er mit Gefängnis von vier Wochen bis zu drei Jahren bestraft. Neben der Freiheitsstrafe kann Geldstrafe bis zu fünftausend Kronen verhängt werden.

Wegen einer Mitteilung oder Veröffentlichung der unter 3. bezeichneten Art wird der Täter nur mit Ermächtigung des Finanzministers oder des Steuerpflichtigen verfolgt.

Verwertung des Amtsgeheimnisses.

§ **172.** Wer ein Geschäftsgeheimnis oder Betriebsgeheimnis, das ihm bei Ausübung eines öffentlichen Amtes oder Dienstes bekannt geworden ist, in seinem oder einem fremden Betrieb oder Geschäfte verwertet, um sich oder einem Dritten einen Vermögensvorteil zuzuwenden, wird mit Gefängnis von vier Wochen bis zu drei Jahren bestraft. Neben der Freiheitsstrafe kann Geldstrafe bis zu fünftausend Kronen verhängt werden.

Bestechung.

§ 173. 1. Wer jemandem einen Vermögensvorteil gewährt, verspricht oder anbietet, um mittelbar oder unmittelbar einen öffentlichen Beamten oder eine Militärperson zur Verletzung einer Amtspflicht oder Dienstpflicht zu bestimmen oder diese Verletzung zu belohnen, wird mit Gefängnis oder Haft von drei Tagen bis zu sechs Monaten bestraft.

2. Wer jemandem einen Vermögensvorteil gewährt, verspricht oder anbietet, um mittelbar oder unmittelbar einen öffentlichen Beamten oder eine Militärperson zu einem Mißbrauche der Amtsgewalt zu bestimmen oder einen solchen Mißbrauch zu belohnen, wird mit Gefängnis oder Haft von vier Wochen bis zu drei Jahren bestraft.

Die Bestimmungen sind auf den Inländer anzuwenden, der einen ausländischen Richter besticht.

§ 174. 1. Der öffentliche Beamte, der für eine Verletzung der Amtspflicht oder Dienstpflicht für sich oder einen Dritten einen Vermögensvorteil annimmt, sich versprechen läßt oder begehrt, wird mit Gefängnis von einer Woche bis zu einem Jahre bestraft.

2. Der öffentliche Beamte, der für einen Mißbrauch der Amtsgewalt für sich oder einen Dritten einen Vermögensvorteil annimmt, sich versprechen läßt oder begehrt, wird mit Kerker von einem bis zu fünf Jahren oder mit Gefängnis von drei Monaten bis zu fünf Jahren bestraft.

Der dem Täter zugewendete Vermögensvorteil ist einzuziehen.

Annahme von Geschenken.

§ 175. Der öffentliche Beamte, der für sich oder einen Dritten einen unberechtigten Vermögensvorteil annimmt, sich versprechen läßt oder begehrt, um die Rechtspflege auszuüben oder eine öffentliche Angelegenheit zu entscheiden, oder der bereits eine vorgenommene Amtshandlung dieser Art einen solchen Vorteil begehrt, wird wegen Vergehens mit Gefängnis oder Haft von drei Tagen bis zu sechs Monaten bestraft.

Der dem Täter zugewendete Vermögensvorteil ist einzuziehen.

XV. Hauptstück. Strafbare Handlungen gegen Rechtspflege und Verwaltung.

Falsche Aussage vor Gericht.

§ 176. Wer vor Gericht bei seiner eidlichen Vernehmung als Partei falsch aussagt oder wer vor Gericht einen falschen Eid ablegt, wird mit Kerker von einem bis zu fünf Jahren oder mit Gefängnis von sechs Monaten bis zu fünf Jahren bestraft.

§ 177. 1. Wer vor Gericht als Zeuge, Sachverständiger oder Dolmetsch falsch aussagt, wird mit Gefängnis von vier Wochen bis zu drei Jahren bestraft.

2. Hat der Täter die Aussage beschworen, so ist auf Kerker von einem bis zu fünf Jahren oder auf Gefängnis von sechs Monaten bis zu fünf Jahren zu erkennen.

§ 178. 1. Wenn der Täter zum Nachteil eines Beschuldigten ausgesagt und seine Aussage Einfluß auf die ungerechtfertigte Erhebung einer Anklage wegen Verbrechens oder auf die Entscheidung geübt hat, durch die der Beschuldigte ungerechtfertigt zu einer drei Monate übersteigenden Freiheitsstrafe verurteilt wurde, ist auf Kerker oder Gefängnis von einem bis zu zehn Jahren zu erkennen.

2. Auf Kerker von zwei bis zu fünfzehn Jahren ist zu erkennen, wenn der Täter zum Nachteil eines Beschuldigten ausgesagt und seine Aussage Einfluß auf die Entscheidung geübt hat, durch die der Beschuldigte ungerechtfertigt zu einer fünf Jahre übersteigenden Freiheitsstrafe, zur lebenslangen Kerkerstrafe oder zum Tode verurteilt wurde.

§ 179. Der Zeuge ist wegen falscher Angaben, die sich auf sein Alter, seinen Geburtsort, seine Religion, seinen Stand oder Wohnort beziehen, nur strafbar, wenn der Richter außer der allgemeinen Frage nach diesen Verhältnissen eine besondere Frage über die Wahrheit der mitgeteilten Umstände an den Zeugen gerichtet hat und dies im Protokolle festgestellt worden ist.

Falsche Aussage vor einem Schiedsgericht oder einem ausländischen Gerichte.

§ 180. Die Bestimmungen sind anzuwenden, wenn die Aussage vor einem durch Gesetz angeordneten Schiedsgericht, einem Börsenschiedsgericht, einem ausländischen Gericht, einem internationalen Gericht oder Schiedsgericht oder vor einer internationalen Untersuchungskommission abgelegt wird.

Falsche Aussage vor einer Verwaltungsbehörde.

§ 181. 1. Wer vor einer Verwaltungsbehörde oder vor einem auf Grund eines Gesetzes bestehenden Disziplinarrat einer Standesvertretung als Zeuge, Sachverständiger oder Dolmetsch falsch aussagt, wird mit Gefängnis von einer Woche bis zu einem Jahre bestraft.

2. Hat der Täter die Aussage beschworen, so ist auf Gefängnis von vier Wochen bis zu drei Jahren zu erkennen.

Die Bestimmung des § 179 ist anzuwenden.

Der beschworenen Aussage gleichgestellte Beteuerungen.

§ 182. Die Bestimmungen über beschworene Aussagen sind auch anzuwenden, wenn jemand, der mit Rücksicht auf sein Glaubensbekenntnis von der Eidesleistung befreit ist, die Aussage unter Versicherung an Eidesstatt ablegt und wenn ein von der öffentlichen Behörde bestellter Sachverständiger oder Dolmetsch oder eine Person des öffentlichen Dienstes unter Berufung auf den Diensteid aussagt.

Widerruf der falschen Aussage.

§ 183. Die Strafbarkeit des Täters wegen falscher Aussage erlischt, wenn er die Aussage bei einer öffentlichen Behörde freiwillig und nicht weil er weiß, daß seine Tat entdeckt ist, widerruft, bevor auf Grund der Aussage eine Entscheidung oder Verfügung getroffen ist.

Versuchte Anstiftung und Anbietung zur falschen Aussage.

§ 184. 1. Wer einen anderen anzustiften versucht, eine falsche Aussage vor Gericht abzulegen, wird mit Gefängnis von zwei Wochen bis zu zwei Jahren bestraft.

2. Wer sich einem anderen anbietet, eine falsche Aussage vor Gericht abzulegen, wird mit Gefängnis von einer Woche bis zu einem Jahre bestraft.

Straflosigkeit der falschen Aussage.

§ 185. Wer in einem Verfahren wegen einer strafbaren Handlung, die er selbst begangen hat, als Zeuge vernommen wird und sich sowohl durch die Angabe der Wahrheit als auch durch die Verweigerung der Aussage der Gefahr strafgerichtlicher Verfolgung wegen dieser Tat aussetzen würde, ist wegen falscher Aussage nicht strafbar.

Milderung der Strafe.

§ 186. 1. Wenn der Täter freiwillig und nicht weil er weiß, daß seine Tat entdeckt ist, die Aussage widerruft und dadurch die Fortdauer eines aus ihr entstandenen Nachteiles abwendet;

2. wenn der Täter sowohl durch die Angabe der Wahrheit als auch durch die Verweigerung der Aussage sich oder einen nahen Angehörigen der Gefahr strafgerichtlicher Verfolgung oder Verurteilung aussetzen würde, es sei denn, daß er sich freiwillig zur Aussage gemeldet hat;

3. wenn der Täter nur über einen unwesentlichen Umstand falsch aussagt,

kann statt der ausschließlich angedrohten zeitigen Kerkerstrafe auf Gefängnis erkannt werden; zeitige Freiheitsstrafen und Geldstrafen können bis auf die Hälfte der Untergrenze herabgesetzt werden.

Falsche Anschuldigung.

§ 187. 1. Wer wider besseres Wissen einen anderen bei einer öffentlichen Behörde einer strafbaren Handlung fälschlich beschuldigt oder sonst eine Beschuldigung dieser Art gegen einen anderen vorbringt, um sie zur Kenntnis einer öffentlichen Behörde gelangen zu lassen;

2. wer wider besseres Wissen einen anderen durch Unterschieben, Verändern oder Beseitigen eines Beweismittels einer strafbaren Handlung fälschlich verdächtig macht,

wird mit Gefängnis von zwei Wochen bis zu zwei Jahren bestraft, wenn die strafbare Handlung von Amts wegen zu verfolgen ist

3. Wenn die fälschliche Beschuldigung die Erhebung einer Anklage wegen Verbrechens veranlaßte oder der fälschlich Beschuldigte zu einer drei Monate übersteigenden Freiheitsstrafe verurteilt wurde, ist auf Kerker von einem bis zu fünf Jahren oder auf Gefängnis von drei Monaten bis zu fünf Jahren zu erkennen.

4. Auf Kerker oder Gefängnis von einem bis zu zehn Jahren ist zu erkennen, wenn der fälschlich Beschuldigte zu einer fünf Jahre übersteigenden Freiheitsstrafe, zur lebenslangen Kerkerstrafe oder zum Tode verurteilt wurde.

§ **188.** Wenn die Beschuldigung eine Übertretung zum Gegenstand hat und für den Beschuldigten kein Nachteil an der Freiheit entstanden ist, ist auf Gefängnis von einer Woche bis zu einem Jahre zu erkennen.

Der Täter wird nur auf Privatanklage verfolgt.

§ **189.** Die Strafbarkeit des Täters wegen falscher Anschuldigung erlischt, wenn er freiwillig und nicht weil er weiß, daß seine Tat entdeckt ist, die Beschuldigung widerruft, bevor sie zur Einleitung eines Strafverfahrens geführt hat.

Veröffentlichung des Urteils.

§ **190.** Auf Antrag des Verletzten kann auf Veröffentlichung des verurteilenden Erkenntnisses wegen falscher Aussage oder falscher Anschuldigung erkannt werden.

Irreführung der öffentlichen Behörde.

§ **191.** Wer in der Absicht, die öffentliche Behörde irrezuführen, den Schein der Begehung einer strafbaren Handlung erweckt, ohne eine bestimmte Person zu beschuldigen oder verdächtig zu machen, wird mit Gefängnis oder Haft bis zu sechs Monaten oder mit Geldstrafe bis zu zweitausend Kronen bestraft.

Verschweigung entlastender Umstände.

§ **192.** Wer es unterläßt, eine Tatsache oder ein Beweismittel, die geeignet sind, die Schuldlosigkeit eines Angeklagten oder Verurteilten darzutun, zur Kenntnis des Gerichts oder des Beschuldigten zu bringen, wird mit Gefängnis oder Haft bis zu drei Monaten oder mit Geldstrafe bis zu tausend Kronen bestraft, wenn die Tat mit einer sechs Monate übersteigenden Freiheitsstrafe, mit lebenslangem Kerker oder mit dem Tode bedroht ist.

Der Täter ist nicht strafbar,

wenn er wegen berufsmäßiger Pflicht zur Verschwiegenheit zu einer Zeugenaussage nicht verhalten werden kann oder die Mitteilung ihn selbst oder einen nahen Angehörigen der Gefahr strafgerichtlicher Verfolgung oder sonst eines erheblichen Nachteils aussetzen würde;

wenn die Tatsache oder das Beweismittel rechtzeitig auf andere Weise zur Kenntnis des Gerichts oder des Angeklagten oder Verurteilten gelangt.

Vereitlung des Strafverfahrens oder Strafvollzuges.

§ 193. 1. Wer den Täter einer strafbaren Handlung vor der nachforschenden öffentlichen Behörde verbirgt;

2. wer einen Gefangenen zur Flucht bestimmt oder ihm dazu Hilfe leistet;

3. wer einen solchen Flüchtling vor der nachforschenden öffentlichen Behörde verbirgt oder sonst seine Ergreifung vereitelt,

wird mit Gefängnis oder Haft von vier Wochen bis zu drei Jahren bestraft.

4. Wenn die strafbare Handlung, die dem Begünstigten zur Last liegt, mit einer sechs Monate nicht übersteigenden Freiheitsstrafe oder nur mit Geldstrafe bedroht ist oder wenn der Begünstigte eine einen Monat nicht übersteigende Freiheitsstrafe zu verbüßen hat, ist auf Gefängnis oder Haft bis zu sechs Monaten zu erkennen.

Wer die unter 1 oder die unter 3 bezeichnete Tat zugunsten eines nahen Angehörigen begeht, ist nicht strafbar.

§ 194. 1. Wer ein Beweismittel oder Spuren einer von einem anderen begangenen strafbaren Handlung verändert oder beseitigt, um die Ermittlung des Sachverhaltes zu vereiteln, wird mit Gefängnis oder Haft von vier Wochen bis zu drei Jahren bestraft.

2. Wenn die strafbare Handlung, deren Beweis vereitelt werden soll, mit einer sechs Monate nicht übersteigenden Freiheitsstrafe oder nur mit Geldstrafe bedroht ist, ist auf Gefängnis oder Haft bis zu sechs Monaten zu erkennen.

Wer die Tat zugunsten eines nahen Angehörigen begeht, ist nicht strafbar.

Übernahme der Strafe eines anderen.

§ 195. 1. Wer die Freiheitsstrafe, zu der ein anderer von einem Strafgerichte verurteilt wurde, an dessen Stelle verbüßt, wird mit Gefängnis oder Haft bis zu sechs Monaten bestraft.

2. Wer eine öffentliche Sammlung veranstaltet oder fördert, durch die eine von einem Strafgerichte verhängte Geldstrafe aufgebracht oder ersetzt werden soll, wird mit Haft bis zu drei Monaten oder mit Geldstrafe bis zu tausend Kronen bestraft.

Das gesammelte Geld ist für verfallen zu erklären.

Unbefugte Veröffentlichung.

§ 196. Wer eine Tatsache, Schrift oder einen Gegenstand, die dem Amtsgeheimnis unterliegen und in deren Kenntnis er durch den Bruch dieses Geheimnisses, durch Ausspähung oder auf Grund seiner Zusage, das Geheimnis zu bewahren, gelangt ist, in einer Druckschrift oder öffentlichen Versammlung oder vor einer Menschenmenge bekannt macht oder bekannt machen läßt, wird mit Haft bis zu drei Monaten oder mit Geldstrafe bis zu tausend Kronen bestraft.

§ 197. 1. Wer über den Inhalt der Anklageschrift. des Anklageerkenntnisses oder über das Ergebnis einer Beweisaufnahme in einem

Strafverfahren eine Mitteilung in einer Druckschrift veröffentlicht, bevor die Bekanntgabe in der Hauptverhandlung erfolgt ist;

2. wer den vermutlichen Ausgang eines Strafverfahrens oder den Wert eines Beweismittels vor dem Urteile der ersten Instanz in einer Druckschrift erörtert;

3. wer über den Inhalt einer Verhandlung des Zivilverfahrens oder Strafverfahrens eine Mitteilung in einer Druckschrift veröffentlicht, die infolge des Ausschlusses der Öffentlichkeit untersagt ist, oder wer die ihm aus diesem Anlasse vom Gericht auferlegte Pflicht der Geheimhaltung verletzt;

4. wer über die Abstimmung eines Richters oder Geschworenen oder über das Stimmenverhältnis bei der Abstimmung von Richtern eine Mitteilung in einer Druckschrift veröffentlicht,

wird mit Haft bis zu drei Monaten oder mit Geldstrafe bis zu tausend Kronen bestraft. Neben der Freiheitsstrafe kann Geldstrafe bis zu tausend Kronen verhängt werden.

Abbildung eines Verbrechers.

§ 198. Wer das Bild jemandes, der wegen eines Verbrechens verfolgt wird oder während des vorausgegangenen Jahres wegen eines Verbrechens verurteilt wurde, in einer Druckschrift veröffentlicht, verbreitet oder öffentlich zur Schau stellt, wird mit Haft bis zu sechs Wochen oder mit Geldstrafe bis zu fünfhundert Kronen bestraft. Neben der Haft kann Geldstrafe bis zu tausend Kronen verhängt werden.

Auf Veröffentlichungen zu wissenschaftlichen oder amtlichen Zwecken ist die Bestimmung nicht anzuwenden.

Das Bild ist für verfallen zu erklären.

Befreiung eines Verwahrten.

§ 199. 1. Wer jemanden, der auf Grund der Verfügung einer öffentlichen Behörde verwahrt wird oder verhaftet ist, zur Flucht bestimmt, ihm dazu Hilfe leistet oder ihn der Obhut der Anstaltsbeamten entzieht;

2. wer einen solchen Flüchtling vor der nachforschenden öffentlichen Behörde verbirgt oder sonst seine Ergreifung vereitelt,

wird mit Gefängnis oder Haft bis zu sechs Monaten bestraft.

3. Wer die Tat in bezug auf eine Person begeht, die in einer der Fürsorgeerziehung dienenden Anstalt, in einer Anstalt für verbrecherische Irre, für geistig minderwertige oder gemeingefährliche Verbrecher oder in einer Zwangsarbeitsanstalt verwahrt wird oder aus einer dieser Anstalten entwichen ist, wird mit Gefängnis oder Haft von vier Wochen bis zu drei Jahren bestraft.

Wer die unter 2 bezeichnete Tat in bezug auf einen nahen Angehörigen begeht, ist nicht strafbar, es sei denn, daß der Flüchtling in einer der Fürsorgeerziehung dienenden Anstalt verwahrt wurde.

Meuterei.

§ 200. Ein Gefangener oder in einer Zwangsarbeitsanstalt oder Anstalt für gemeingefährliche Verbrecher Verwahrter, der sich mit anderen zusammenrottet, um mit vereinten Kräften gewaltsam auszubrechen, gegen einen Anstaltsbeamten eine Gewalttätigkeit zu verüben oder ihn durch Gewalt oder Drohung mit Gewalt zu einer Handlung oder Unterlassung zu nötigen, wird mit Kerker von einem bis zu fünf Jahren oder mit Gefängnis von drei Monaten bis zu fünf Jahren bestraft.

Bruch einer amtlichen Beschlagnahme.

§ 201. 1. Wer eine von einer öffentlichen Behörde verfügte Pfändung, Beschlagnahme oder Zwangsverwaltung dadurch vereitelt, daß er die ihr unterliegende Sache beschädigt, zerstört oder beiseite schafft;

2. wer ein amtliches Siegel oder ein anderes Zeichen einer Pfändung, Beschlagnahme oder eines amtlichen Verschlusses beschädigt oder beseitigt oder wer einen amtlichen Verschluß aufhebt,

wird mit Gefängnis oder Haft bis zu drei Monaten oder mit Geldstrafe bis zu tausend Kronen bestraft.

Verweisungsbruch.

§ 202. 1. Wer ohne Erlaubnis der öffentlichen Behörde in ein Gebiet, aus dem er verwiesen ist, zurückkehrt oder daselbst verweilt, wird mit Gefängnis oder Haft bis zu drei Monaten oder mit Geldstrafe bis zu tausend Kronen bestraft.

2. Wenn der Täter wiederholt rückfällig ist, so ist auf Gefängnis von einer Woche bis zu sechs Monaten zu erkennen.

Bruch der Polizeiaufsicht.

§ 203. 1. Wer einer Verpflichtung zuwiderhandelt, die ihm gemäß der Vorschriften über die Polizeiaufsicht auferlegt ist, wird mit Gefängnis oder Haft bis zu drei Monaten oder mit Geldstrafe bis zu tausend Kronen bestraft.

2. Wenn der Täter wiederholt rückfällig ist, so ist auf Gefängnis von einer Woche bis zu sechs Monaten zu erkennen.

Amtsanmaßung.

§ 204. Wer sich die Ausübung eines öffentlichen Amtes oder Dienstes anmaßt, wird mit Gefängnis oder Haft bis zu sechs Monaten oder mit Geldstrafe bis zu zweitausend Kronen bestraft.

Winkelschreiberei.

§ 205. Wer unbefugt gewerbemäßig Eingaben oder Urkunden für das Verfahren vor Gericht oder vor Verwaltungsbehörden verfaßt oder unbefugt gewerbemäßig vor diesen Behörden Parteien vertritt, wird mit Gefängnis oder Haft bis zu drei Monaten oder mit Geldstrafe bis zu tausend Kronen bestraft.

XVI. Hauptstück. Strafbare Handlungen gegen die Sicherheit des Urkundenverkehrs.

Urkunde.

§ 206. Urkunden sind

1. Schriften, die ein Recht oder Rechtsverhältnis begründen oder die bestimmt oder geeignet sind, eine Tatsache von rechtlicher Bedeutung zu beweisen;

2. andere Gegenstände, die nach der Verkehrssitte oder durch Vereinbarung dazu bestimmt sind, eine Tatsache von rechtlicher Bedeutung zu beweisen.

Öffentliche Urkunde.

§ 207. Als öffentliche Urkunden sind solche Urkunden anzusehen,

1. die im Inlande von einer öffentlichen Behörde innerhalb der Grenzen ihrer Amtsbefugnisse oder von einer mit öffentlichem Glauben versehenen Person innerhalb des ihr zugewiesenen Geschäftskreises in der vorgeschriebenen Form errichtet werden;

2. die im Ausland innerhalb der Grenzen ihrer Amtsbefugnisse von öffentlichen Organen errichtet werden, die einer Behörde unterstehen, welche im Inland ihren Sitz hat;

3. die durch besondere gesetzliche Vorschrift als öffentliche Urkunden erklärt oder ihnen gleichgestellt sind;

4. die von ausländischen Organen errichtet werden, soferne sie nach dem ausländischen Gesetz als öffentliche Urkunden gelten.

Den öffentlichen Urkunden sind gleichgestellt die von einer öffentlichen Behörde innerhalb ihres Wirkungskreises ausgehenden amtlichen Bezeichnungen eines Gegenstandes, durch die dessen Verkehrswert, Feingehalt, Maß oder Gewicht oder eine andere für den Verkehr erhebliche Tatsache beglaubigt wird.

Urkundenfälschung.

§ 208. 1. Wer eine falsche öffentliche Urkunde, eine falsche letztwillige Verfügung oder ein falsches Orderpapier oder Inhaberpapier anfertigt oder eine echte Urkunde dieser Art verfälscht, um einen Rechtsanspruch oder ein Beweismittel für eine Tatsache von rechtlicher Bedeutung zu schaffen;

2. wer eine falsche oder verfälschte Urkunde dieser Art zur Geltendmachung eines Rechtsanspruches oder zum Beweise für eine Tatsache von rechtlicher Bedeutung gebraucht,

wird mit Gefängnis von zwei Wochen bis zu zwei Jahren bestraft.

Den Inhaberpapieren sind die Einlagebücher der Banken, Sparkassen und Vorschußkassen gleichgestellt.

§ 209. 1. Wer eine falsche oder verfälschte Privaturkunde zur Geltendmachung eines Rechtsanspruches oder zum Beweise für eine Tatsache von rechtlicher Bedeutung gebraucht, wird mit Gefängnis oder Haft von einer Woche bis zu einem Jahr oder mit Geldstrafe von fünfzig bis zu viertausend Kronen bestraft.

2. Wer die Tat lediglich in der Absicht begeht, einen unbegründeten Anspruch abzuwehren oder einen begründeten Anspruch durchzusetzen, ist mit Haft bis zu drei Monaten oder mit Geldstrafe bis zu tausend Kronen zu bestrafen.

Ausweisfälschung und Gebrauch fremder Ausweise.

§ 210. 1. Wer eine falsche behördliche Legitimationsurkunde anfertigt oder eine echte verfälscht, um sich oder einem anderen den Eintritt in einen Dienst oder eine Arbeit zu erleichtern;

2. wer von einer falschen oder verfälschten behördlichen Legitimationsurkunde Gebrauch macht, um sich oder einem anderen den Eintritt in einen Dienst oder eine Arbeit zu erleichtern,

wird mit Gefängnis oder Haft bis zu sechs Monaten bestraft.

3. Wer von einem falschen oder verfälschten Zeugnis einer Privatperson oder von einer echten, aber nicht für ihn bestimmten behördlichen Legitimationsurkunde Gebrauch macht, um sich den Eintritt in einen Dienst oder eine Arbeit zu erleichtern, wird mit Gefängnis oder Haft bis zu drei Monaten oder mit Geldstrafe bis zu tausend Kronen bestraft.

4. Wenn die unter 1 bezeichnete Tat gewerbemäßig begangen wird, ist auf Gefängnis von einer Woche bis zu einem Jahre zu erkennen.

Wertzeichenfälschung.

§ 211. 1. Wer ein falsches öffentliches Wertzeichen, insbesondere eine Postmarke, Stempelmarke oder sonst ein öffentliches Stempelzeichen anfertigt, um es als echt zu verwenden oder in Verkehr zu setzen;

2. wer einem echten öffentlichen Wertzeichen den Schein eines höheren Wertes verleiht, um es in dieser Gestalt zu verwenden oder in Verkehr zu setzen;

3. wer ein falsches oder verfälschtes öffentliches Wertzeichen an sich bringt oder einem anderen verschafft, damit es als echt oder unverfälscht verwendet oder in Verkehr gesetzt werde,

wird mit Gefängnis oder Haft von einer Woche bis zu einem Jahre bestraft.

4. Wenn die Tat gewerbemäßig begangen wird, ist auf Gefängnis von vier Wochen bis zu drei Jahren zu erkennen.

Neben der Freiheitsstrafe kann in allen Fällen Geldstrafe bis zum Zehnfachen des Betrages der Fälschung verhängt werden.

Urkundenerschleichung.

§ 212. 1. Wer, um einen Rechtsanspruch oder ein Beweismittel für eine Tatsache von rechtlicher Bedeutung zu schaffen, durch Erregung oder listige Benutzung eines Irrtums bewirkt, daß in einer öffentlichen Urkunde eine unwahre Tatsache von rechtlicher Bedeutung beurkundet wird;

2. wer eine unwahre Urkunde dieser Art zur Geltendmachung eines Rechtsanspruches oder zum Beweis einer Tatsache von rechtlicher Bedeutung gebraucht,

wird mit Gefängnis von zwei Wochen bis zu zwei Jahren bestraft.

Unwahre Beurkundung.

§ **213.** 1. Der Arzt, Tierarzt oder ein von der öffentlichen Behörde bestellter Sachverständiger, Schätzmann oder Dolmetsch, der bei Ausübung seines Berufes eine unwahre Tatsache beurkundet;

2. wer eine unwahre Urkunde dieser Art zum Beweis einer Tatsache von rechtlicher Bedeutung gebraucht,

wird mit Haft bis zu sechs Monaten oder mit Geldstrafe bis zu zweitausend Kronen bestraft.

§ **214.** Wer bei der Errichtung einer öffentlichen Urkunde oder bei der öffentlichen Beglaubigung einer Urkunde die Identität eines anderen als Zeuge bestätigt, obwohl er ihn nicht kennt, wird mit Haft bis zu drei Monaten oder mit Geldstrafe bis zu tausend Kronen bestraft.

Vereitlung des Urkundenbeweises.

§ **215.** **1.** Wer eine öffentliche Urkunde oder eine letztwillige Verfügung vernichtet, beseitigt oder beschädigt, um zu hindern, daß sie zur Geltendmachung eines Rechtsanspruches oder zum Beweise für eine Tatsache von rechtlicher Bedeutung diene oder um ihren Beweiswert zu verringern, wird mit Gefängnis von zwei Wochen bis zu zwei Jahren bestraft.

2. Wer die Tat an einer Privaturkunde begeht, wird mit Gefängnis oder Haft von einer Woche bis zu einem Jahr oder mit Geldstrafe von fünfzig bis viertausend Kronen bestraft.

Der Täter ist wegen Vereitlung des Urkundenbeweises nicht strafbar, wenn sich der Benachteiligte eine andere Ausfertigung der Urkunde verschaffen kann.

Vorbereitung der Fälschung öffentlicher Urkunden oder Wertzeichen.

§ **216.** Wer ein Mittel oder Werkzeug anfertigt oder erwirbt, das zur Fälschung oder Verfälschung einer öffentlichen Urkunde oder eines öffentlichen Wertzeichens dienen soll, wird mit Gefängnis oder Haft bis zu sechs Monaten bestraft.

Wertzeichen des Auslandes.

§ **217.** Die Bestimmungen der §§ 211 und 216 sind auf öffentliche Wertzeichen des Auslandes anzuwenden.

Fälschung und Beseitigung von Grenzzeichen.

§ **218.** Wer ein zur Bezeichnung einer Grenze oder eines Wasserstandes dienendes Zeichen falsch setzt, verrückt, beseitigt oder unkenntlich macht, um ein Beweismittel für eine Tatsache von rechtlicher Bedeutung zu schaffen oder zu unterdrücken, wird mit Gefängnis oder Haft von einer Woche bis zu einem Jahre bestraft.

§ 219. Wer ein Zeichen verrückt, beseitigt oder unkenntlich macht, das zur Landesvermessung oder zur militärischen Aufnahme einer Gegend dient oder von der öffentlichen Behörde zur Vermarkung eines Bergbaues oder zur Bezeichnung des Wasserstandes angebracht ist, wird mit Haft bis zu drei Monaten oder mit Geldstrafe bis zu tausend Kronen bestraft.

XVII. Hauptstück. Strafbare Handlungen gegen die Sicherheit des Geldverkehrs.

Geldfälschung.

§ 220. 1. Wer falsches Metallgeld oder Papiergeld anfertigt, um es als echt in Verkehr zu setzen;

2. wer echtem Metallgeld oder Papiergelde den Schein eines höheren Wertes oder außer Verkehr gesetztem Gelde den Schein gangbaren Geldes verleiht, um es in dieser Gestalt in Verkehr zu setzen;

3. wer falsches oder verfälschtes Geld an sich bringt oder einem andern verschafft, damit es als echt oder unverfälscht in Verkehr gesetzt werde;

4. wer falsches oder verfälschtes Geld als echt oder unverfälscht in Verkehr setzt,

wird mit Kerker oder Gefängnis von einem bis zu zehn Jahren bestraft.

5. Wer die Tat in großem Umfange begeht oder wer Geld auf solche Art fälscht oder verfälscht, die zur Täuschung besonders geeignet ist, ist mit Kerker von zwei bis zu fünfzehn Jahren zu bestrafen.

6. Auf dieselbe Strafe ist zu erkennen, wenn die Tat gewerbemäßig begangen wird oder der Täter wiederholt rückfällig ist.

Neben der Freiheitsstrafe kann in allen Fällen Geldstrafe bis zum Zehnfachen des Betrages der Fälschung verhängt werden.

§ 221. Wer Geld in einem fünfundzwanzig Kronen nicht übersteigenden Betrage fälscht oder verfälscht, ohne Mittel anzuwenden, welche die Vervielfältigung erleichtern, oder wer falsches oder verfälschtes Geld in einem fünfundzwanzig Kronen nicht übersteigenden Betrag an sich bringt, einem anderen verschafft oder als echt oder unverfälscht in Verkehr setzt, wird mit Kerker von einem bis zu drei Jahren oder mit Gefängnis von drei Monaten bis zu drei Jahren bestraft. Neben der Freiheitsstrafe kann Geldstrafe bis zum Zehnfachen des Betrages der Fälschung verhängt werden.

Abschiebung falschen Geldes.

§ 222. 1. Wer falsches oder verfälschtes Geld, das er ohne Kenntnis dieser Eigenschaft erhalten hat, als echt oder unverfälscht in Verkehr setzt, wird mit Gefängnis oder Haft von einer Woche bis zu einem Jahre bestraft.

2. Wenn der Betrag der Fälschung bei dem abgeschobenen Geld hundert Kronen übersteigt, ist auf Gefängnis oder Haft von vier Wochen bis zu drei Jahren zu erkennen.

3. Hat der Täter oder sein Auftraggeber das Geld in Zahlung erhalten, so ist auf Gefängnis oder Haft bis zu sechs Monaten oder auf Geldstrafe bis zu zweitausend Kronen zu erkennen.

Geldverringerung.

§ 223. 1. Wer den Metallgehalt eines Geldstücks verringert, um es als vollwertig in Verkehr zu setzen;

2. wer verringertes Geld an sich bringt oder einem anderen verschafft, damit es als vollwertig in Verkehr gesetzt werde;

3. wer ein in seinem Metallgehalte verringertes Geldstück als vollwertig in Verkehr setzt,

wird mit Gefängnis von zwei Wochen bis zu zwei Jahren bestraft.

4. Wenn die Tat gewerbemäßig begangen wird, ist auf Kerker von einem bis zu fünf Jahren oder auf Gefängnis von sechs Monaten bis zu fünf Jahren zu erkennen.

Neben der Freiheitsstrafe kann in allen Fällen Geldstrafe bis zum Zehnfachen der Verringerung des Wertes verhängt werden.

Abschiebung verringerten Geldes.

§ 224. Wer verringertes Geld, das er ohne Kenntnis dieser Eigenschaft erhalten hat, als vollwertig in Verkehr setzt, wird mit Gefängnis oder Haft bis zu sechs Monaten oder mit Geldstrafe bis zu zweitausend Kronen bestraft.

Hat der Täter oder sein Auftraggeber das Geld in Zahlung erhalten, so ist er nicht strafbar.

Verwertung des Abfalles.

§ 225. 1. Wer die aus einer Geldverringerung gewonnenen Metallteile erwirbt oder veräußert, wird mit Gefängnis von einer Woche bis zu einem Jahre bestraft.

2. Auf Gefängnis von vier Wochen bis zu drei Jahren ist zu erkennen, wenn der Metallwert fünfundzwanzig Kronen übersteigt.

Neben der Freiheitsstrafe kann in beiden Fällen Geldstrafe bis zum Zehnfachen des Betrages verhängt werden.

Öffentliche Wertpapiere.

§ 226. Öffentliche Wertpapiere sind Banknoten, soferne sie nicht gesetzliche Zahlungsmittel sind, und auf den Inhaber lautende oder durch Indossament übertragbare Aktien und ebensolche Schuldverschreibungen, die vom Staate, von einem Lande, Bezirke, einer Gemeinde, einer Gesellschaft oder Person auf gesetzlicher Grundlage ausgegeben sind, sowie ihre Coupons und Talons.

Wertpapierfälschung.

§ 227. 1. Wer ein falsches öffentliches Wertpapier anfertigt, um es als echt in Verkehr zu setzen;

2. wer einem echten öffentlichen Wertpapier den Schein eines höheren Wertes oder einem außer Verkehr gesetzten öffentlichen Wertpapier den Schein eines noch gangbaren Wertpapiers verleiht, um es in dieser Gestalt in Verkehr zu setzen;

3. wer ein falsches oder verfälschtes öffentliches Wertpapier an sich bringt oder einem anderen verschafft, damit es als echt oder unverfälscht in Verkehr gesetzt werde;

4. wer ein falsches oder verfälschtes Wertpapier als echt oder unverfälscht in Verkehr setzt,

wird mit Kerker oder Gefängnis von einem bis zu zehn Jahren bestraft.

5. Wer die Tat in großem Umfange begeht oder wer ein Wertpapier auf solche Art fälscht oder verfälscht, die zur Täuschung besonders geeignet ist, ist mit Kerker von zwei bis zu fünfzehn Jahren zu bestrafen.

6. Auf dieselbe Strafe ist zu erkennen, wenn die Tat gewerbemäßig begangen wird oder der Täter wiederholt rückfällig ist.

Neben der Freiheitsstrafe kann in allen Fällen Geldstrafe bis zum Zehnfachen des Betrages der Fälschung verhängt werden.

§ 228. Wer ein Wertpapier in einem fünfundzwanzig Kronen nicht übersteigenden Betrage fälscht oder verfälscht, ohne Mittel anzuwenden, welche die Vervielfältigung erleichtern, oder wer ein falsches oder verfälschtes Wertpapier in einem fünfundzwanzig Kronen nicht übersteigenden Betrag an sich bringt, einem anderen verschafft oder als echt oder unverfälscht in Verkehr setzt, wird mit Kerker von einem bis zu drei Jahren oder mit Gefängnis von drei Monaten bis zu drei Jahren bestraft. Neben der Freiheitsstrafe kann Geldstrafe bis zum Zehnfachen des Betrages der Fälschung verhängt werden.

Vorbereitung der Fälschung von Geld oder Wertpapieren.

§ 229. Wer ein Mittel oder Werkzeug anfertigt oder erwirbt, das zur Fälschung oder Verfälschung von Geld oder öffentlichen Wertpapieren dienen soll, wird mit Gefängnis von zwei Wochen bis zu zwei Jahren bestraft,

Gefährdung der Sicherheit des Geldverkehrs.

§ 230. 1. Wer falsches Metallgeld oder Papiergeld oder ein falsches öffentliches Wertpapier anfertigt, ohne die Absicht, es als echt in Verkehr zu setzen;

2. wer Metallgeld oder Papiergeld oder ein öffentliches Wertpapier verfälscht, ohne die Absicht, es als unverfälscht in Verkehr zu setzen;

3. wer Metallzeichen, Drucksachen oder andere Gegenstände, welche Geld oder öffentlichen Wertpapieren täuschungsfähig ähnlich sehen, verfertigt, feilhält, in Verkehr setzt oder in das Inland einführt,

wird mit Haft bis zu sechs Wochen oder mit Geldstrafe bis zu fünfhundert Kronen bestraft.

Die Strafbarkeit erlischt, wenn der Täter freiwillig und nicht weil er weiß, daß seine Tat entdeckt ist, den Gegenstand vernichtet oder zur Gefährdung des Verkehrs unbrauchbar macht.

Geld und Wertpapiere des Auslandes.

§ 231. Die Bestimmungen sind auf Geld und öffentliche Wertpapiere des Auslandes anzuwenden.

Unbefugte Ausgabe von Geldzeichen.

§ 232. 1. Wer, ohne hierzu gesetzlich berechtigt zu sein, die Ausgabe von Banknoten oder anderen auf den Inhaber lautenden unverzinslichen Schuldverschreibungen veranstaltet, die im inländischen Verkehr als Geldzeichen verwendet werden können, wird mit Geldstrafe in der Höhe des Zehnfachen der ausgegebenen Wertzeichen, jedoch nicht unter zehntausend Kronen bestraft. Der Täter wird nur mit Ermächtigung der Anstalt verfolgt, deren Privileg verletzt wurde.

2. Wer die Ausgabe von Geldzeichen aus Metall veranstaltet, die im inländischen Verkehr als Geld verwendet werden können, oder wer solche Geldzeichen in das Inland einführt, wird wegen Vergehens mit Geldstrafe in der Höhe des fünffachen Wertes der ausgegebenen Geldzeichen bestraft. Der Täter wird nur mit Ermächtigung des Finanzministers verfolgt.

Die Geldstrafe kann den Betrag von fünfzigtausend Kronen übersteigen. Die Ersatzstrafe darf nicht höher als mit Haft in der Dauer eines Jahres bemessen werden.

§ 233. Wer entgegen einem kundgemachten Verbote der Regierung gewerbemäßig oder gewohnheitsmäßig ausländisches Geld in Zahlung oder an zahlungsstatt gibt oder nimmt, wird mit Haft bis zu vier Wochen oder mit Geldstrafe bis zu dreihundert Kronen bestraft.

XVIII. Hauptstück. Strafbare Handlungen gegen den öffentlichen Frieden.

Landfriedensbruch.

§ 234. 1. Wer an einer öffentlichen Zusammenrottung teilnimmt, um mit vereinten Kräften gegen Personen oder Sachen Gewalttätigkeiten zu verüben, wird mit Gefängnis oder Haft von zwei Wochen bis zu zwei Jahren bestraft.

2. Der Anstifter und der Anführer sowie ein Teilnehmer an der Zusammenrottung, der Gewalt angewendet hat, wird mit Gefängnis oder Haft von vier Wochen bis zu drei Jahren bestraft.

Die Strafbarkeit wegen Landfriedensbruches erlischt für denjenigen, der sich von der Zusammenrottung zurückzieht, bevor eine Gewalttätigkeit verübt wurde. Der Anstifter und der Anführer wird straflos, wenn er überdies mit Erfolg dafür tätig war, daß sich alle Teilnehmer rechtzeitig zurückziehen.

Auflauf.

§ 235. Wer bei einer den öffentlichen Frieden gefährdenden Ansammlung einer Menschenmenge verharrt, obwohl die Menge zweimal vorschriftsmäßig aufgefordert wurde, auseinanderzugehen, wird mit Gefängnis oder Haft bis zu vier Wochen oder mit Geldstrafe bis zu dreihundert Kronen bestraft.

Beunruhigung der Bevölkerung.

§ 236. 1. Wer die Bevölkerung oder einen Teil der Einwohnerschaft eines Ortes oder einer Gegend durch Drohung mit Mord, Raub, Brandlegung oder durch eine andere gefährliche Drohung in Furcht oder Unruhe versetzt, wird mit Kerker von einem bis zu drei Jahren oder mit Gefängnis von drei Monaten bis zu drei Jahren bestraft.

2. Wer wider besseres Wissen ein Gerücht verbreitet, das geeignet ist, die Bevölkerung oder einen Teil der Einwohnerschaft eines Ortes oder einer Gegend in Furcht oder Unruhe zu versetzen, wird mit Gefängnis oder Haft bis zu drei Monaten oder mit Geldstrafe bis zu tausend Kronen bestraft.

Aufreizung der Bevölkerung.

§ 237. Wer in einer Druckschrift oder öffentlichen Versammlung oder vor einer Menschenmenge einen Teil der Bevölkerung zu feindseligen Handlungen gegen einen anderen Teil unter solchen Umständen oder auf eine solche Art aufreizt, daß dadurch der öffentliche Friede gefährdet werden kann, wird mit Gefängnis oder Haft von einer Woche bis zu einem Jahr oder mit Geldstrafe von fünfzig bis zu viertausend Kronen bestraft.

Bandenbildung.

§ 238. 1. Wer sich mit zwei oder mehreren anderen verbindet, um gemeinsam Diebstähle, Betrügereien, Raubanfälle, Erpressungen, Sachbeschädigungen oder gemeingefährliche Verbrechen zu begehen, wird mit Gefängnis von vier Wochen bis zu drei Jahren bestraft.

2. Wenn die Absicht nur darauf gerichtet ist, geringfügige Diebstähle, Betrügereien oder Sachbeschädigungen zu begehen, ist auf Gefängnis bis zu sechs Monaten zu erkennen.

Öffentliche Aufforderung zu strafbaren Handlungen.

§ 239. 1. Wer öffentlich zu einer mit Strafe bedrohten Tat auffordert oder eine solche Tat anpreist, wird mit Gefängnis oder Haft von zwei Wochen bis zu zwei Jahren bestraft, wenn die Tat ein Verbrechen bildet.

2. Auf Kerker von einem bis zu fünf Jahren oder auf Gefängnis von sechs Monaten bis zu fünf Jahren ist zu erkennen, wenn die Tat ein gemeingefährliches Verbrechen bildet oder mit Freiheitsstrafe von fünfzehn oder zwanzig Jahren bedroht ist, auf Kerker oder Gefängnis von einem bis zu zehn Jahren, wenn die Tat mit dem Tode oder mit lebenslangem Kerker bedroht ist.

3. Wer in einer Druckschrift oder öffentlichen Versammlung oder vor einer Menschenmenge zu einer mit Strafe bedrohten Tat auffordert oder eine solche Tat anpreist, wird wegen Vergehens mit Gefängnis oder Haft von drei Tagen bis zu sechs Monaten oder mit Geldstrafe von zwanzig bis zu zweitausend Kronen bestraft, wenn die Tat ein Vergehen oder eine Übertretung bildet, die von Amts wegen zu verfolgen sind.

Anbietung zu strafbaren Handlungen.

§ **240.** 1. Wer sich zu einer mit Strafe bedrohten Tat anbietet, wird mit Gefängnis von zwei Wochen bis zu zwei Jahren bestraft, wenn die Tat mit einer Freiheitsstrafe von zehn Jahren bedroht ist.

2. Auf Kerker von einem bis zu fünf Jahren oder auf Gefängnis von sechs Monaten bis zu fünf Jahren ist zu erkennen, wenn die Tat strenger bedroht ist.

Die Strafbarkeit des Täters erlischt, wenn er freiwillig und nicht wegen eines von seinem Willen unabhängigen Hindernisses die Anbietung zurücknimmt.

Unterlassen der Hinderung eines Verbrechens.

§ **241.** Wer es unterläßt, die Begehung eines Hochverrats gegen die Person des Kaisers, einer tätlichen Majestätsbeleidigung, eines Verrats im Kriege, eines Mordes, Raubes, einer Fälschung von Geld oder öffentlichen Wertpapieren oder eines gemeingefährlichen Verbrechens zu hindern oder von der drohenden Ausführung rechtzeitig der bedrohten Person oder einer öffentlichen Behörde Mitteilung zu machen, wird mit Gefängnis oder Haft von zwei Wochen bis zu zwei Jahren bestraft, wenn das Verbrechen ausgeführt oder versucht worden ist.

Wer es wegen ernstlicher Gefahr für sich oder eine ihm nahestehende Person unterläßt, das Verbrechen zu hindern oder davon Mitteilung zu machen, ist nicht strafbar.

Begehung einer strafbaren Handlung im Zustande der Trunkenheit.

§ **242.** Wer sich vorsätzlich oder fahrlässig in den Zustand einer die Zurechnung ausschließenden Trunkenheit versetzt, wird mit Gefängnis oder Haft bis zu sechs Monaten bestraft, wenn er in diesem Zustand eine Tat verübt, die ihm sonst als strafbar zuzurechnen wäre und die strenger als mit sechs Monaten Freiheitsstrafe bedroht ist.

Der Täter wird nur mit Ermächtigung verfolgt, wenn die in der Trunkenheit verübte Tat nur mit Ermächtigung oder auf Privatanklage zu verfolgen ist.

§ **243.** Der verurteilte Täter kann nach Vollzug der Strafe in der für Trunksüchtige bestimmten Abteilung der in § 36 bezeichneten Anstalten verwahrt werden, wenn er wegen seines Hanges zur Trunksucht und mit Rücksicht auf seinen Lebenswandel und die Eigenart seiner Tat als gemeingefährlich anzusehen ist.

Die Bestimmungen des zweiten und dritten Absatzes des § 36 sind anzuwenden.

XIX. Hauptstück. Strafbare Handlungen in bezug auf die Religion und die Ruhe der Toten.

Religionsstörung.

§ **244.** 1. Wer öffentlich Gott durch Beschimpfung oder Verspottung lästert;

2. wer öffentlich den Gottesglauben durch Beschimpfung oder Verspottung verächtlich zu machen oder zu zerstören sucht,

wird mit Gefängnis von zwei Wochen bis zu zwei Jahren bestraft.

Beschimpfung religiöser Lehren.

§ **245.** Wer öffentlich eine Lehre, einen Gebrauch oder eine Einrichtung einer gesetzlich anerkannten Kirche oder Religionsgesellschaft beschimpft oder verspottet, wird wegen Vergehens mit Gefängnis oder Haft von drei Tagen bis zu sechs Monaten oder mit Geldstrafe von zwanzig bis zu zweitausend Kronen bestraft.

Störung einer Religionsübung.

§ **246.** Wer Gewalt anwendet oder damit droht, um den Gottesdienst oder eine Religionsübung eines im Staate bestehenden Religionsbekenntnisses zu hindern oder zu stören, wird mit Gefängnis oder Haft von vier Wochen bis zu drei Jahren bestraft.

Verletzung des religiösen Gefühls.

§ **247.** Wer an einem Orte, welcher der Religionsübung eines im Staate bestehenden Religionsbekenntnisses gewidmet ist, oder während der öffentlichen Religionsübung einer gesetzlich anerkannten Kirche oder Religionsgesellschaft oder an einem ihrem Gottesdienst unmittelbar gewidmeten Gegenstand einen Unfug verübt, der Ärgernis zu erregen geeignet ist, wird wegen Vergehens mit Gefängnis oder Haft von drei Tagen bis zu sechs Monaten oder mit Geldstrafe von zwanzig bis zu zweitausend Kronen bestraft.

Veranstalten einer verbotenen Religionsübung.

§ **248.** Wer eine Religionsübung veranstaltet, die als rechtswidrig oder sittenverletzend verboten ist, wird mit Gefängnis oder Haft bis zu drei Monaten oder mit Geldstrafe bis zu tausend Kronen bestraft.

Störung der Ruhe der Toten.

§ **249.** 1. Wer an einem Leichnam einen Unfug verübt, der geeignet ist, Ärgernis zu erregen, wird mit Gefängnis von einer Woche bis zu einem Jahre bestraft.

2. Wer an der Asche eines Toten oder an einer Begräbnisstätte einen Unfug verübt, der geeignet ist, Ärgernis zu erregen, oder wer einen Leichnam oder die Asche eines Toten aus einer Begräbnisstätte oder aus der Verwahrung eines Berechtigten wegschafft, wird wegen Vergehens mit Gefängnis oder Haft von drei Tagen bis zu sechs Monaten oder mit Geldstrafe von zwanzig bis zu zweitausend Kronen bestraft.

Neben der Freiheitsstrafe kann in beiden Fällen Geldstrafe bis zu zweitausend Kronen verhängt werden.

Störung einer Leichenfeier.

§ **250.** Wer ein Leichenbegängnis durch einen Unfug stört, der Ärgernis zu erregen geeignet ist, wird mit Gefängnis oder Haft bis zu drei Monaten oder mit Geldstrafe bis zu tausend Kronen bestraft.

XX. Hauptstück. Strafbare Handlungen gegen Ehe, Familie und Personenstand.

Doppelehe.

§ **251.** 1. Wer eine Ehe eingeht, obgleich seine früher geschlossene Ehe nicht gelöst, getrennt oder ungültig erklärt ist;

2. wer mit einer verheirateten Person eine Ehe eingeht,

wird mit Gefängnis von zwei Wochen bis zu zwei Jahren bestraft.

3. Handelt der Täter in der Annahme, daß die früher geschlossene Ehe ungültig sei, so ist er wegen Vergehens mit Gefängnis oder Haft von drei Tagen bis zu sechs Monaten zu bestrafen.

4. Wer, obgleich seine früher geschlossene Ehe nicht gelöst, getrennt oder ungültig erklärt ist, einen anderen durch Erregung oder Benützung eines Irrtums über den Bestand der früher geschlossenen Ehe zum Ehebunde bestimmt oder dem anderen den Bestand der ersten Ehe verschweigt, wird mit Kerker von einem bis zu fünf Jahren oder mit Gefängnis von drei Monaten bis zu fünf Jahren bestraft.

Erschleichung einer ungültigen Ehe.

§ **252.** 1. Wer einem anderen zum Eingehen der Ehe durch Erregung oder Benützung eines Irrtums veranlaßt, der die Gültigkeit der Ehe berührt;

2. wer beim Eingehen der Ehe dem anderen ein Ehehindernis verschweigt,

wird mit Gefängnis von zwei Wochen bis zu zwei Jahren bestraft, wenn die Ehe der Irreführung oder des Ehehindernisses wegen ungültig erklärt wird.

Der Täter wird nur mit Ermächtigung des Verletzten verfolgt. Das Recht der Ermächtigung steht dem Verletzten zu, wenngleich er das achtzehnte Lebensjahr nicht vollendet hat.

Ungesetzliche Trauung.

§ 253. 1. Wer den Abschluß einer Ehe vornimmt, ohne hiezu kraft seines Amtes berechtigt zu sein;

2. der mit der Vornahme von Eheschließungen betraute Religionsdiener oder öffentliche Beamte, der beim Abschluß einer ungültigen Ehe mitwirkt,

wird mit Gefängnis oder Haft von drei Tagen bis zu sechs Monaten oder mit Geldstrafe von zwanzig bis zu zweitausend Kronen bestraft.

Ehebruch.

§ 254. Der Ehegatte, der einen Ehebruch begangen, und derjenige, der mit einer verheirateten Person die Ehe gebrochen hat, wird mit Gefängnis oder Haft bis zu sechs Monaten bestraft.

Der Täter wird nur auf Privatanklage verfolgt. Die Privatanklage steht dem Verletzten zu, wenngleich er das achtzehnte Lebensjahr nicht vollendet hat. Wer dem Ehebruch seines Ehegatten zugestimmt oder vor dem Ehebruch die eheliche Gemeinschaft dauernd aufgegeben hat, hat kein Klagerecht. Das Klagerecht geht auf andere nicht über.

Auf Antrag des Verletzten fällt die gegen seinen Ehegatten verhängte Strafe weg.

Entführung eines Pflegebefohlenen.

§ 255. 1. Wer einen Minderjährigen, der das einundzwanzigste Lebensjahr nicht vollendet hat, oder einen Geisteskranken dem rechtmäßigen Inhaber der Obhut entführt oder vor diesem verborgen hält oder wer einen solchen Minderjährigen oder einen Geisteskranken bestimmt, sich dieser Obhut zu entziehen, oder ihm dazu Hilfe leistet, wird mit Gefängnis oder Haft von zwei Wochen bis zu zwei Jahren bestraft.

Wenn die Tat zum Zwecke der Eheschließung mit der entführten Person begangen wurde, wird der Täter nur mit Ermächtigung des Verletzten verfolgt und, wenn der Täter oder sein Auftraggeber die entführte Person geheiratet hat, überdies nur dann, wenn die Ehe ungültig erklärt worden ist. Nach dem Tode des Verletzten steht das Recht der Ermächtigung dem Nachfolger in der Obhut zu; die Frist zur Ausübung des Rechts läuft in diesem Falle von der Übernahme der Obhut an.

2. Soll die entführte Person dem außerehelichen Geschlechtsverkehr oder dem Bettel zugeführt oder sonst in Verhältnisse gebracht werden, die für sie verderblich sind, so ist auf Kerker von einem bis zu fünf Jahren oder auf Gefängnis von drei Monaten bis zu fünf Jahren zu erkennen.

Verletzung der Pflicht zum Unterhalt und zur Erziehung.

§ 256. 1. Wer seine Pflicht zum Unterhalt oder zur Erziehung eines Minderjährigen, der das einundzwanzigste Lebensjahr nicht vollendet hat, grob verletzt, wird mit Gefängnis oder Haft von drei Tagen bis zu sechs Monaten bestraft, wenn der Minderjährige der Gefahr der Verwahrlosung ausgesetzt wird oder für seinen Unterhalt oder seine Erziehung öffentliche Mittel in Anspruch genommen werden müssen.

2. Wer ein Kind weglegt oder verläßt, um sich des Kindes zu entledigen, wird mit Gefängnis oder Haft von einer Woche bis zu einem Jahre bestraft.

Pflichtverletzung gegen Schwangere.

§ 257. Wer eine von ihm geschwängerte Person, die infolge der Schwangerschaft oder des Wochenbetts für sich nicht zu sorgen vermag, der Not oder Hilflosigkeit preisgibt, wird mit Gefängnis oder Haft von drei Tagen bis zu sechs Monaten bestraft.

Fälschung des Personenstandes.

§ 258. Wer die Fälschung des Personenstandes eines anderen bewirkt, insbesondere ein Kind unterschiebt, wird mit Gefängnis oder Haft von zwei Wochen bis zu zwei Jahren bestraft.

XXI. Hauptstück. Strafbare Handlungen gegen die Sittlichkeit.

Notzucht.

§ 259. Wer eine Person weiblichen Geschlechts durch Gewalt oder durch eine gegen sie oder eine ihr nahestehende Person gerichtete Drohung mit Gewalt zwingt, den außerehelichen Beischlaf zu dulden, wird mit Kerker oder Gefängnis von einem bis zu zu zehn Jahren bestraft.

Nötigung zum Beischlaf.

§ 260. Wer eine Person weiblichen Geschlechts dadurch zum außerehelichen Beischlaf nötigt, daß er sie oder eine ihr nahestehende Person mit einem rechtswidrigen Nachteil an der Freiheit, einem Angriff auf die Ehre, einer strafgerichtlichen Anzeige oder mit der Offenbarung eines Geheimnisses bedroht, dessen Bekanntwerden geeignet ist, die bürgerliche Stellung der Bedrohten zu untergraben, wird mit Kerker von einem bis zu fünf Jahren oder mit Gefängnis von drei Monaten bis zu fünf Jahren bestraft.

Zwang zur Unzucht.

§ 261. Wer eine Person weiblichen Geschlechts durch Gewalt oder durch eine gegen sie oder eine ihr nahestehende Person gerichtete Drohung mit Gewalt zwingt, sich zur Unzucht mißbrauchen zu lassen, wird mit Kerker von einem bis zu fünf Jahren oder mit Gefängnis von drei Monaten bis zu fünf Jahren bestraft.

Nötigung zur Unzucht.

§ 262. Wer eine Person weiblichen Geschlechts dadurch nötigt, sich zur Unzucht mißbrauchen zu lassen, daß er sie oder eine ihr nahestehende Person mit einem rechtswidrigen Nachteil an der Freiheit, einem Angriff auf die Ehre, einer strafgerichtlichen Anzeige oder mit der Offenbarung eines Geheimnisses bedroht, dessen Bekanntwerden geeignet ist, die bürgerliche Stellung der Bedrohten zu untergraben, wird mit Gefängnis von vier Wochen bis zu drei Jahren bestraft.

Schändung.

§ 263. 1. Wer eine Person weiblichen Geschlechts, die wehrlos oder bewußtlos ist oder wegen Geistesstörung oder Geistesschwäche die Bedeutung des Vorgangs nicht zu verstehen vermag, zum außerehelichen Beischlaf mißbraucht, wird mit Kerker von einem bis zu fünf Jahren oder mit Gefängnis von drei Monaten bis zu fünf Jahren bestraft.

2. Wer eine Person weiblichen Geschlechts, die wehrlos oder bewußtlos ist oder wegen Geistesstörung oder Geistesschwäche die Bedeutung des Vorgangs nicht zu verstehen vermag, zur Unzucht mißbraucht, wird mit Gefängnis von vier Wochen bis zu drei Jahren bestraft.

Mißbrauch Unmündiger.

§ 264. 1. Wer mit einer unmündigen Person den außerehelichen Beischlaf unternimmt, wird mit Kerker oder Gefängnis von einem bis zu zehn Jahren bestraft.

2. Wer den außerehelichen Beischlaf mit einer Person unternimmt, deren Unmündigkeit er hätte erkennen können, wird mit Gefängnis von vier Wochen bis zu drei Jahren bestraft.

§ 265. 1. Wer eine unmündige Person zur Unzucht mißbraucht, wird mit Kerker von einem bis zu fünf Jahren oder mit Gefängnis von drei Monaten bis zu fünf Jahren bestraft.

2. Wer eine Person zur Unzucht mißbraucht, deren Unmündigkeit er hätte erkennen können, wird mit Gefängnis von einer Woche bis zu einem Jahre bestraft.

§ 266. Wer eine unzüchtige Handlung vor einer unmündigen Person vornimmt, um seinen Geschlechtstrieb zu erregen oder zu befriedigen, wird mit Gefängnis von zwei Wochen bis zu zwei Jahren bestraft.

Erschleichung des Beischlafs.

§ 267. Wer den Beischlaf mit einer Person weiblichen Geschlechts dadurch erschleicht, daß ihr eine Trauung vorgetäuscht oder sonst ein Irrtum in ihr erregt oder benützt wird, indem sie den Beischlaf für einen ehelichen hält oder die Bedeutung des Vorgangs nicht zu verstehen vermag, wird mit Kerker von einem bis zu fünf Jahren oder mit Gefängnis von drei Monaten bis zu fünf Jahren bestraft.

Der Täter wird nur mit Ermächtigung der Verletzten verfolgt. Das Recht der Ermächtigung steht der Verletzten zu, wenngleich sie das achtzehnte Lebensjahr nicht vollendet hat.

Gemeinsame Bestimmung über erhöhte Strafen.

§ **268.** Wenn eine der in den §§ 259 bis 267 bedrohten Taten eine schwere Verletzung am Körper, schweren Schaden an der Gesundheit, insbesondere die Ansteckung mit einer Geschlechtskrankheit, oder den Tod der mißbrauchten Person zur Folge hatte, oder wenn der Täter rückfällig ist, so ist

statt auf Kerker oder Gefängnis von einem bis zu zehn Jahren, auf Kerker von zwei bis zu fünfzehn Jahren,

statt auf Kerker von einem bis zu fünf Jahren oder Gefängnis von drei Monaten bis zu fünf Jahren, auf Kerker oder Gefängnis von einem bis zu zehn Jahren,

statt auf Gefängnis von vier Wochen bis zu drei Jahren, auf Kerker von einem bis zu fünf Jahren oder auf Gefängnis von sechs Monaten bis zu fünf Jahren und

statt auf Gefängnis von zwei Wochen bis zu zwei Jahren oder von einer Woche bis zu einem Jahr, auf Kerker von einem bis zu drei Jahren oder auf Gefängnis von vier Wochen bis zu drei Jahren zu erkennen.

Unzucht wider die Natur.

§ **269.** 1. Wer mit einer Person desselben Geschlechts Unzucht treibt, wird mit Gefängnis von einer Woche bis zu einem Jahre bestraft.

2. Wer die Tat mit einer Person im Alter vom vollendeten vierzehnten bis zum vollendeten achtzehnten Lebensjahre begeht, wird mit Gefängnis von drei Monaten bis zu drei Jahren bestraft.

Wer zur Zeit der Tat das sechzehnte Lebensjahr nicht vollendet hat, ist nicht strafbar, wenn er zur Tat verführt wurde.

3. Wer die Tat gewerbemäßig verübt oder wer gewerbemäßig der Unzucht zwischen Personen desselben Geschlechts Vorschub leistet, wird mit Kerker von einem bis zu fünf Jahren oder Gefängnis von sechs Monaten bis zu fünf Jahren bestraft.

§ **270.** 1. Wer einen anderen dadurch zwingt, sich zur Unzucht mit einer Person desselben Geschlechts mißbrauchen zu lassen, daß er gegen ihn Gewalt anwendet oder ihn oder eine ihm nahestehende Person mit Gewaltanwendung bedroht, wird mit Kerker von einem bis zu fünf Jahren bestraft.

2. Wer eine Person desselben Geschlechts, die wehrlos oder bewußtlos ist oder wegen Geistesstörung oder Geistesschwäche die Bedeutung des Vorgangs nicht zu verstehen vermag, zur Unzucht mißbraucht, wird mit Kerker von einem bis zu drei Jahren oder mit Gefängnis von vier Wochen bis zu drei Jahren bestraft.

Blutschande.

§ **271.** 1. Wer mit einem Blutsverwandten absteigender Reihe den Beischlaf ausübt, wird mit Gefängnis von vier Wochen bis zu drei Jahren bestraft.

2. Wer mit einem Blutsverwandten aufsteigender Reihe den Beischlaf ausübt, wird mit Gefängnis von einer Woche bis zu einem Jahre bestraft.

3. Wer den Beischlaf mit einer Person ausübt, die mit ihm im Verhältnisse von vollbürtigen oder halbbürtigen Geschwistern steht, wird mit Gefängnis bis zu sechs Monaten bestraft.

Wer zur Zeit der Tat das sechzehnte Lebensjahr nicht vollendet hat, ist wegen der in 2 und 3 bezeichneten Handlungen nicht strafbar, wenn er zur Tat verführt wurde.

Unzucht mit Verwandten absteigender Reihe.

§ **272.** Wer mit einem Blutsverwandten absteigender Reihe Unzucht treibt, wird mit Gefängnis von zwei Wochen bis zu zwei Jahren bestraft.

Ausnutzung einer Vertrauensstellung oder öffentlichen Stellung zum Beischlaf oder zur Unzucht.

§ **273.** 1. Wer mit seinem minderjährigen Adoptivkinde, Pflegekinde, Stiefkinde, Mündel, Kuranden, Schüler oder Zöglinge den außerehelichen Beischlaf ausübt oder Unzucht treibt;

2. der öffentliche Beamte, der mit einer Person weiblichen Geschlechts, die seiner amtlichen Obhut anvertraut ist, oder mit der er eine Amtshandlung vornimmt, den außerehelichen Beischlaf ausübt oder Unzucht treibt;

3. wer anläßlich der Ausübung der Seelsorge mit einer Person weiblichen Geschlechts den außerehelichen Beischlaf ausübt oder Unzucht treibt;

4. der Arzt, Angestellte oder Diener einer öffentlichen oder privaten Heilanstalt oder Pflegeanstalt, der mit einer Kranken der Anstalt, und der Arzt, Angestellte oder Diener einer Erziehungsanstalt, der mit einem Zögling der Anstalt den außerehelichen Beischlaf ausübt oder Unzucht treibt,

wird mit Gefängnis von zwei Wochen bis zu zwei Jahren bestraft.

5. Wer seine Stellung mißbraucht, um die Person sich gefügig zu machen, mit der er die Tat begeht, wird mit Gefängnis von drei Monaten bis zu drei Jahren bestraft.

Verführung.

§ **274.** 1. Wer ein geschlechtlich unbescholtenes Mädchen, welches das sechzehnte Lebensjahr nicht vollendet hat, zum außerehelichen Beischlafe bestimmt;

2. wer eine geschlechtlich unbescholtene Person weiblichen Geschlechts durch die Vorspiegelung, er werde sie heiraten, zum Beischlafe bestimmt;

3. wer eine Person weiblichen Geschlechts durch Ausnutzung ihrer wirtschaftlichen Abhängigkeit von ihm zum außerehelichen Beischlaf bestimmt,

wird mit Gefängnis bis zu sechs Monaten bestraft, wenn der Beischlaf ausgeübt wurde.

Der Täter wird nur mit Ermächtigung der Verletzten verfolgt. Das Recht der Ermächtigung steht der Verletzten zu, wenngleich sie das achtzehnte Lebensjahr nicht vollendet hat.

Kuppelei.

§ 275. 1. Wer eine Person weiblichen Geschlechts, die das sechzehnte Lebensjahr nicht vollendet hat, oder wer seine minderjährige leibliche oder Adoptivtochter, Enkelin, Pflegetochter, Stieftochter oder eine minderjährige Person weiblichen Geschlechts, die ihm als Mündel, Kurandin, Schülerin oder Zögling anvertraut ist, zum außerehelichen Geschlechtsverkehr mit einem anderen bestimmt oder diesem Verkehr zuführt;

2. wer eine Person weiblichen Geschlechts durch Ausnutzung ihrer wirtschaftlichen Abhängigkeit von ihm zum außerehelichen Geschlechtsverkehr mit einem anderen bestimmt,

wird mit Gefängnis von vier Wochen bis zu drei Jahren bestraft.

3. Wer eine Person weiblichen Geschlechts dadurch zum außerehelichen Geschlechtsverkehr mit einem anderen bestimmt, daß er sie oder eine ihr nahestehende Person mit einem rechtswidrigen Nachteil an der Freiheit, einem Angriff auf die Ehre, einer strafgerichtlichen Anzeige oder mit der Offenbarung eines Geheimnisses bedroht, dessen Bekanntwerden geeignet ist, die bürgerliche Stellung der Bedrohten zu untergraben;

4. wer die unter 1 oder die unter 2 bezeichnete Tat begeht, um sich oder einem Dritten einen Vermögensvorteil zuzuwenden,

wird mit Kerker von einem bis zu fünf Jahren oder mit Gefängnis von drei Monaten bis zu fünf Jahren bestraft. Neben der Freiheitsstrafe kann im letzten Falle Geldstrafe bis zu zwanzigtausend Kronen verhängt werden.

§ 276. Wer eine geschlechtlich unbescholtene weibliche Person durch Erregung oder Benutzung eines Irrtums dem außerehelichen Geschlechtsverkehr mit einem anderen zuführt, wird mit Kerker von einem bis zu fünf Jahren oder mit Gefängnis von sechs Monaten bis zu fünf Jahren bestraft. Neben der Freiheitsstrafe kann Geldstrafe bis zu zwanzigtausend Kronen verhängt werden.

Verletzung polizeilicher Vorschriften über gewerbemäßige Unzucht.

§ 277. Die Ausübung gewerbemäßiger Unzucht, das Halten von öffentlichen Dirnen und das Gewähren von Unterstand zur Ausübung gewerbemäßiger Unzucht wird durch polizeiliche Vorschriften geregelt.

Wer eine Vorschrift dieser Art verletzt, wer insbesondere öffentliche Dirnen hält oder Unterstand zur Ausübung gewerbemäßiger Unzucht gewährt, ohne diesen Vorschriften zu genügen, wird von der Verwaltungsbehörde bestraft.

Gewerbemäßige Förderung der Unzucht.

§ 278. Wer den außerehelichen Geschlechtsverkehr in anderer Weise als durch Halten von Dirnen oder Gewähren von Unterstand gewerbemäßig vermittelt, wird mit Gefängnis von einer Woche bis zu einem Jahre bestraft. Neben der Freiheitsstrafe kann Geldstrafe bis zu fünftausend Kronen verhängt werden.

Förderunng gewerbemäßiger Unzucht.

§ 279. 1. Wer eine Person weiblichen Geschlechts der gewerbemäßigen Unzucht zuführt;

2. wer eine Person weiblichen Geschlechts durch Ausnutzung ihrer wirtschaftlichen Abhängigkeit von ihm davon abhält, die Ausübung gewerbemäßiger Unzucht aufzugeben,

wird mit Gefängnis von zwei Wochen bis zu zwei Jahren bestraft. Neben der Freiheitsstrafe kann Geldstrafe bis zu fünftausend Kronen verhängt werden.

Frauenhandel.

§ 280. 1. Wer eine Person weiblichen Geschlechts, die in einem anderen Staat als dem ihrer Heimat der gewerbemäßigen Unzucht zugeführt werden soll, anwirbt oder in einen anderen Staat befördert, wird mit Gefängnis von vier Wochen bis zu drei Jahren bestraft.

2. Wer eine Person weiblichen Geschlechts, die in einem anderen Staat als dem ihrer Heimat der gewerbemäßigen Unzucht zugeführt werden soll, durch Erregung oder Benutzung eines Irrtums über dieses Vorhaben bestimmt, sich in einen anderen Staat zu begeben, oder sie mit Benutzung eines solchen Irrtums in einen anderen Staat befördert, wird mit Kerker von einem bis zu fünf Jahren bestraft.

3. Wer die unter 2 bezeichnete Tat an einer geschlechtlich unbescholtenen Person begeht, wird mit Kerker von einem bis zu zehn Jahren bestraft.

Neben der Freiheitsstrafe kann in allen Fällen Geldstrafe bis zu zwanzigtausend Kronen verhängt werden.

§ 281. Wer sich mit einem anderen verbindet, um Frauenhandel zu treiben, wird mit Gefängnis von vier Wochen bis zu drei Jahren bestraft. Neben der Freiheitsstrafe kann Geldstrafe bis zu zwanzigtausend Kronen verhängt werden.

Zuhälterei.

§ 282. 1. Der Zuhälter einer öffentlichen Dirne, der sich aus dem Erträgnis ihrer gewerbemäßigen Unzucht Mittel zu seinem Unterhalte zuwenden läßt, wird mit Gefängnis bis zu sechs Monaten bestraft.

2. Wenn der Täter wiederholt rückfällig ist, so ist auf Gefängnis von drei Monaten bis zu einem Jahre zu erkennen.

Die Bestimmung ist auf den Ehegatten der öffentlichen Dirne anzuwenden.

Verletzung der Sittlichkeit.

§ **283.** 1. Wer öffentlich und unter Umständen, unter welchen sein Verhalten zur Verletzung des Schamgefühls geeignet ist, eine unzüchtige Handlung vornimmt oder wer unter solchen Umständen in einer öffentlichen Versammlung oder vor einer Menschenmenge unzüchtige Reden führt;

2. wer eine unzüchtige Schrift, bildliche oder plastische Darstellung zum Zweck ihrer öffentlichen Verbreitung herstellen läßt oder vorrätig hält, sie feilhält, in einer Druckschrift ankündigt, öffentlich ausstellt oder verbreitet,

wird mit Gefängnis oder Haft von drei Tagen bis zu sechs Monaten oder mit Geldstrafe von zwanzig bis zu zweitausend Kronen bestraft. Neben der Freiheitsstrafe kann im zweiten Falle Geldstrafe bis zu fünftausend Kronen verhängt werden.

Schmälerung der bürgerlichen Ehrenrechte.

§ **284.** Auf Schmälerung der bürgerlichen Ehrenrechte für die Dauer der zu verbüßenden Strafe und einen weiteren Zeitraum von fünf Jahren kann erkannt werden, wenn der Täter einer der in den §§ 275, 278, 279, 280 und 282 bezeichneten strafbaren Handlungen zu einer Gefängnisstrafe verurteilt wird.

XXII. Hauptstück. Strafbare Handlungen gegen Leib und Leben.

Mord.

§ **285.** Wer einen anderen tötet, wird mit Kerker von fünf bis zu zwanzig Jahren oder mit lebenslangem Kerker bestraft.

§ **286.** 1. Wer durch die Tat das Leben vieler Menschen gefährdet, ist mit lebenslangem Kerker oder mit dem Tode zu bestrafen.

Auf lebenslangen Kerker oder auf Todesstrafe ist ferner zu erkennen,

2. wenn die Tat mit besonderer Grausamkeit, um eines Vermögensvorteils willen oder bei Ausführung eines Diebstahls, Raubes oder eines Verbrechens gegen die Sittlichkeit begangen wird;

3. wenn dem Täter Mord an mehr als einem Menschen zur Last fällt;

4. wenn der Täter wegen Mordes schon einmal bestraft ist.

§ **287.** Der Sträfling, der während des Vollzugs einer lebenslangen Kerkerstrafe einen Mord begeht, ist mit dem Tode zu bestrafen.

Totschlag.

§ **288.** 1. Wer in einer durch die Umstände gerechtfertigten heftigen Gemütsbewegung einen anderen tötet, wird mit Kerker oder Gefängnis von einem bis zu zehn Jahren bestraft.

2. War die heftige Gemütsbewegung durch eine unmittelbar vorausgegangene schwere und unbegründete Kränkung hervorgerufen, die dem Täter oder einer ihm nahestehenden Person zugefügt wurde, so ist auf Gefängnis von sechs Monaten bis zu fünf Jahren zu erkennen.

Tötung auf Verlangen.

§ **289**. Wer einen anderen auf dessen ernstliches Verlangen in der dadurch hervorgerufenen heftigen Gemütsbewegung tötet, wird mit Gefängnis von drei Monaten bis zu fünf Jahren bestraft.

Teilnahme am Selbstmord.

§ **290**. **1**. Wer einen anderen zum Selbstmord bestimmt oder ihm dazu Hilfe leistet, wird mit Gefängnis oder Haft von vier Wochen bis zu drei Jahren bestraft, wenn dieser den Selbstmord auszuführen unternommen hat.

2. Wer einen anderen durch Erregung oder Benutzung eines Irrtums zum Selbstmord bestimmt, wird mit Kerker oder Gefängnis von einem bis zu zehn Jahren bestraft.

Kindesmord.

§ **291**. **1**. Die Mutter, die während der Geburt oder unter Einwirkung der durch den Geburtsvorgang hervorgerufenen Störungen ihr Kind tötet, einen anderen bestimmt, es zu töten, oder ihm dazu Hilfe leistet, wird mit Kerker oder Gefängnis von einem bis zu zehn Jahren bestraft.

2. Hat die Mutter die Tat infolge schwerer Notlage oder, um ihre Entehrung zu verheimlichen, verübt, so ist auf Gefängnis von sechs Monaten bis zu fünf Jahren zu erkennen.

Abtreibung der Leibesfrucht.

§ **292**. 1. Wer die Leibesfrucht einer Schwangeren abtreibt oder im Mutterleibe tötet, wird mit Kerker von einem bis zu fünf Jahren oder mit Gefängnis von drei Monaten bis zu fünf Jahren bestraft.

2. Auf Kerker von einem bis zu zehn Jahren ist zu erkennen, wenn dem Täter mehr als eine Abtreibung zur Last fällt, der Täter wiederholt rückfällig ist, die Tat ohne Einwilligung der Schwangeren begangen wurde oder mit Gefahr für das Leben oder schwerer Gefahr für die Gesundheit der Schwangeren verbunden war.

Neben der Freiheitsstrafe kann in beiden Fällen Geldstrafe bis zu zehntausend Kronen verhängt werden.

§ **293**. 1. Die Schwangere, die ihre Leibesfrucht abtreibt oder im Mutterleibe tötet;

2. die Schwangere, die einen anderen bestimmt, ihre Leibesfrucht abzutreiben oder im Mutterleibe zu töten, oder die dies zuläßt,

wird mit Gefängnis von drei Monaten bis zu drei Jahren bestraft.

3. Hat die Schwangere die Tat infolge schwerer Notlage oder, um ihre Entehrung zu verheimlichen, verübt, so ist auf Gefängnis von zwei Wochen bis zu zwei Jahren zu erkennen.

§ **294.** Wer in einer Druckschrift eine Ankündigung veranlaßt oder veröffentlicht, die in offener oder verhüllter Form eine Anbietung zur Abtreibung enthält, wird mit Gefängnis bis zu sechs Monaten bestraft. Neben der Freiheitsstrafe kann Geldstrafe bis zu zweitausend Kronen verhängt werden.

§ **295.** Der Arzt, der eine Leibesfrucht abtreibt oder im Mutterleibe tötet, um eine anders nicht abwendbare Lebensgefahr oder Gefahr dauernden schweren Schadens an der Gesundheit von der Schwangeren abzuwenden, ist wegen Abtreibung nicht strafbar.

Körperbeschädigung.

§ **296.** 1. Wer einen anderen am Körper verletzt oder an der Gesundheit schädigt, wird mit Gefängnis oder Haft von drei Tagen bis zu sechs Monaten oder mit Geldstrafe von zwanzig bis zu zweitausend Kronen bestraft.

2. Wer die Tat an einem Blutsverwandten aufsteigender Reihe begeht oder an einer Person des öffentlichen Dienstes, einem Zeugen, Sachverständigen oder Religionsdiener wegen der Ausübung ihres Berufs oder während sie ihren Beruf ausüben, ist mit Gefängnis oder Haft von einer Woche bis zu einem Jahre zu bestrafen.

§ **297.** 1. Wenn die Tat eine schwere Verletzung oder schweren Schaden an der Gesundheit zur Folge hatte;

2. wenn der Angriff durch verabredeten oder tückischen Überfall erfolgte;

3. wenn der Täter wiederholt rückfällig ist,

ist auf Gefängnis oder Haft von vier Wochen bis zu drei Jahren zu erkennen.

4. Auf Gefängnis von drei Monaten bis zu fünf Jahren ist zu erkennen, wenn die Tat eine Körperbeschädigung der im § 299 unter 1 bis 3 bezeichneten Art oder den Tod zur Folge hatte.

§ **298.** 1. Wer die Tat auf eine den Körper oder die Gesundheit des anderen besonders gefährdende Weise verübt;

2. wer einem anderen eine schwere Verletzung am Körper oder schweren Schaden an der Gesundheit zufügt,

wird mit Kerker von einem bis zu fünf Jahren oder mit Gefängnis von drei Monaten bis zu fünf Jahren bestraft.

3. Auf Kerker von einem bis zu fünf Jahren oder auf Gefängnis von sechs Monaten bis zu fünf Jahren ist in diesen Fällen zu erkennen, wenn die Tat eine Körperbeschädigung der in § 299 unter 1 bis 3 bezeichneten Art oder den Tod zur Folge hatte.

§ **299.** 1. Wer das Sprachvermögen, Sehvermögen, Gehör oder die Fortpflanzungsfähigkeit eines anderen bleibend aufhebt oder wesentlich und bleibend schwächt;

2. wer einen anderen verstümmelt oder schwer entstellt oder verunstaltet;

3. wer einen anderen in unheilbare oder langwierige Krankheit des Körpers oder Geistes stürzt oder ihn bleibend berufsunfähig oder arbeitsunfähig macht;

4. wer eine Körperbeschädigung durch Beibringen von Gift oder eines ähnlichen zur Zerstörung der Gesundheit geeigneten Stoffes oder derart verübt, daß sie mit besonderen Qualen für den Verletzten verbunden ist,

wird mit Kerker oder Gefängnis von einem bis zu zehn Jahren bestraft.

5. Auf Kerker von zwei bis zu fünfzehn Jahren ist zu erkennen, wenn die Tat den Tod des Verletzten zur Folge hatte oder der Täter wiederholt rückfällig ist.

Gemeinsame Bestimmung über mildere Strafen.

§ **300.** Wer eine der in den §§ 296 bis 299 bedrohten Taten in einer durch die Umstände gerechtfertigten heftigen Gemütsbewegung begeht, wird

statt mit Kerker von zwei bis zu fünfzehn Jahren oder Kerker oder Gefängnis von einem bis zu zehn Jahren, mit Gefängnis von drei Monaten bis zu fünf Jahren,

statt mit Kerker von einem bis zu fünf Jahren oder Gefängnis von sechs oder drei Monaten bis zu fünf Jahren, mit Gefängnis von vier Wochen bis zu drei Jahren,

statt mit Gefängnis oder Haft von vier Wochen bis zu drei Jahren, mit Gefängnis oder Haft von einer Woche bis zu einem Jahre,

statt mit Gefängnis oder Haft von einer Woche bis zu einem Jahre, mit Gefängnis oder Haft bis zu sechs Monaten,

statt mit Gefängnis oder Haft von drei Tagen bis zu sechs Monaten oder mit Geldstrafe von zwanzig bis zu zweitausend Kronen, mit Haft bis zu drei Monaten oder mit Geldstrafe bis zu tausend Kronen bestraft.

Körperbeschädigung mit Einwilligung des Verletzten.

§ **301.** Wer einem anderen mit dessen Einwilligung eine schwere Verletzung am Körper oder schweren Schaden an der Gesundheit zufügt, wird mit Gefängnis oder Haft von zwei Wochen bis zu zwei Jahren bestraft.

Raufhandel.

§ **302.** Wer sich an einem Raufhandel oder gemeinsamen Angriffe, bei dem ein anderer eine schwere Verletzung am Körper, schweren Schaden an der Gesundheit oder den Tod erleidet, auf eine solche Art beteiligt, daß daraus dieser Erfolg entstanden sein konnte, wird mit Gefängnis oder Haft von zwei Wochen bis zu zwei Jahren bestraft, wenn sich der Urheber der Körperbeschädigung nicht feststellen läßt.

Aussetzung.

§ 303. 1. Wer ein Kind oder sonst jemanden, der infolge seines geistigen oder körperlichen Zustandes sich nicht zu retten vermag, in eine Lage bringt, in der sein Leben gefährdet ist, wird mit Kerker von einem bis zu fünf Jahren oder mit Gefängnis von sechs Monaten bis zu fünf Jahren bestraft.

2. Wer die Tat unter besonders gefährlichen Umständen begeht, ist mit Kerker oder Gefängnis von einem bis zu zehn Jahren zu bestrafen.

3. Wenn die Tat an einem neugeborenen Kinde von der Mutter unter Einwirkung der durch den Geburtsvorgang hervorgerufenen Störungen infolge schwerer Notlage oder, um ihre Entehrung zu verheimlichen, verübt wurde, ist auf Gefängnis von vier Wochen bis zu drei Jahren zu erkennen.

Gefährdung durch eine Geschlechtskrankheit.

§ 304. 1. Der Geschlechtskranke, der einen mit der Gefahr der Ansteckung verbundenen Geschlechtsverkehr ausübt;

2. wer zu einem mit der Gefahr der Ansteckung verbundenen Geschlechtsverkehr mit einem Geschlechtskranken Vorschub leistet;

3. die geschlechtskranke Amme, die ihren Dienst antritt, und wer zu einem geschlechtskranken Kind eine Amme nimmt,

wird mit Gefängnis von vier Wochen bis zu drei Jahren bestraft.

Wer seinen Ehegatten gefährdet, wird nur auf Privatanklage des Verletzten verfolgt.

Herausforderung zum Zweikampf.

§ 305. 1. Wer einen anderen zum Zweikampf herausfordert;

2. wer eine Herausforderung zum Zweikampf annimmt,

wird mit Gefängnis oder Haft von einer Woche bis zu einem Jahre bestraft. Neben der Freiheitsstrafe kann Geldstrafe bis zu zehntausend Kronen verhängt werden.

Zweikampf.

§ 306. 1. Wer in einem Zweikampf von der Waffe Gebrauch macht, wird mit Gefängnis oder Haft von zwei Wochen bis zu zwei Jahren bestraft.

2. Wenn vereinbart war, daß bis zur Kampfunfähigkeit gekämpft werden solle, ist auf Gefängnis oder Haft von vier Wochen bis zu drei Jahren zu erkennen.

3. Auf Gefängnis von sechs Monaten bis zu fünf Jahren ist zu erkennen, wenn sich aus den Bedingungen des Zweikampfs ergibt, daß einer der Zweikämpfer das Leben verlieren solle.

Neben der Freiheitsstrafe kann in allen Fällen Geldstrafe bis zu zwanzigtausend Kronen verhängt werden.

Aufreizung zum Zweikampf.

§ **307.** Wer jemandem mit Verachtung droht, um ihn zum Zweikampf mit einem anderen aufzureizen, oder wer jemandem Verachtung bezeigt, weil er einen anderen nicht zum Zweikampf herausgefordert oder sich in einen Zweikampf nicht eingelassen hat, wird mit Gefängnis oder Haft von einer Woche bis zu einem Jahre bestraft. Neben der Freiheitsstrafe kann Geldstrafe bis zu zehntausend Kronen verhängt werden.

Erlöschen der Strafbarkeit.

§ **308.** Die Strafbarkeit wegen Herausforderung zum Zweikampf erlischt für denjenigen, der vom Zweikampf vor dessen Beginne freiwillig absteht.

Die Strafbarkeit des Kartellträgers erlischt, wenn er freiwillig von seiner Tätigkeit absteht, bevor der Zweikampf vereinbart ist.

Jeder Gehilfe wird straflos, wenn er sich für das Unterbleiben des Zweikampfs bemüht und entweder am Zweikampf nicht teilnimmt oder der Zweikampf infolge freiwilligen Rücktritts nicht stattfindet.

Der dem Zweikampf beigezogene Arzt ist nicht strafbar.

Verletzung der Regeln des Zweikampfs.

§ **309.** Wer eine der hergebrachten oder vereinbarten Regeln des Zweikampfs verletzt, um seinen Gegner zu töten oder ihm eine schwere Verletzung zuzufügen, ist nach den Vorschriften über Tötung und Körperbeschädigung zu bestrafen.

Mensur.

§ **310.** Die Beteiligung an einer Mensur, bei der vereinbarungsgemäß durch entsprechende Schutzmaßregeln der Eintritt erheblicher Verletzungen verhütet werden soll, unterliegt nicht den Bestimmungen über Zweikampf und Körperbeschädigung.

Böswillige Gefährdung der körperlichen Sicherheit.

§ **311.** 1. Wer eine Gefahr für das Leben, den Körper oder die Gesundheit eines anderen böswillig herbeiführt, wird mit Gefängnis von vier Wochen bis zu drei Jahren bestraft.

2. Wer die Tat unter besonders gefährlichen Umständen begeht, wird mit Kerker von einem bis zu fünf Jahren oder mit Gefängnis von drei Monaten bis zu fünf Jahren bestraft.

Fahrlässige Gefährdung der körperlichen Sicherheit.

§ **312.** 1. Wer fahrlässig eine Gefahr für das Leben, den Körper oder die Gesundheit eines anderen herbeiführt, wird mit Gefängnis oder Haft bis zu drei Monaten oder mit Geldstrafe bis zu tausend Kronen bestraft.

2. Wer die Tat fahrlässig unter besonders gefährlichen Umständen begeht;

3. wer fahrlässig eine schwere Verletzung am Körper oder schweren Schaden an der Gesundheit eines anderen herbeiführt,

wird mit Gefängnis oder Haft von drei Tagen bis zu sechs Monaten oder mit Geldstrafe von zwanzig bis zu zweitausend Kronen bestraft.

4. Wer fahrlässig eine Körperbeschädigung der im § 299 unter 1 bis 3 bezeichneten Art oder den Tod eines anderen herbeiführt, wird mit Gefängnis oder Haft von zwei Wochen bis zu zwei Jahren bestraft.

Neben der Freiheitsstrafe kann in den unter 2 bis 4 angeführten Fällen Geldstrafe bis zu fünftausend Kronen verhängt werden.

Überschreitung des Züchtigungsrechts.

§ **313.** Wer bei Ausübung des Züchtigungsrechts den Gezüchtigten fahrlässig am Körper verletzt oder an der Gesundheit schädigt, wird mit Haft bis zu drei Monaten oder mit Geldstrafe bis zu tausend Kronen bestraft.

Wenn weitere Gefahr für den Gezüchtigten nicht zu besorgen und die Beschädigung eine geringfügige ist, kann das Gericht davon absehen, eine Strafe zu verhängen. Das Absehen von Strafe ist nur zulässig, wenn der Täter das erstemal wegen Überschreitung des Züchtigungsrechtes verurteilt wird.

Im Falle schwerer Schädigungen sind die Bestimmungen des § 312, Z. 3 oder 4 anzuwenden.

Unterlassen der Hilfeleistung.

§ **314.** 1. Wer es unterläßt, einen anderen aus einer offenbaren Lebensgefahr zu retten oder fremden Beistand zur Rettung herbeizurufen, obgleich er dies leicht und ohne Gefahr tun konnte, wird mit Gefängnis oder Haft bis zu vier Wochen oder mit Geldstrafe bis zu dreihundert Kronen bestraft, wenn der andere in der Gefahr umgekommen ist.

2. Wenn der Täter vermöge seines Berufs, seiner Zugehörigkeit zur Familie des Verunglückten oder sonst eines besonderen Verhältnisses zur Obsorge für den Verunglückten verpflichtet war, ist auf Gefängnis oder Haft bis zu sechs Monaten zu erkennen.

XXIII. Hauptstück. Strafbare Handlungen gegen die persönliche Freiheit.

Freiheitsentziehung.

§ **315.** 1. Wer einen anderen festnimmt, einschließt oder auf andere Weise an dem Gebrauche seiner persönlichen Freiheit hindert, wird mit Gefängnis oder Haft von zwei Wochen bis zu zwei Jahren bestraft.

2. Wer die Freiheitsentziehung länger als eine Woche fortsetzt oder wer die Tat verübt, um die Verletzte zur Ausübung gewerbemäßiger Unzucht zu nötigen, ist mit Kerker von einem bis zu fünf

Jahren oder mit Gefängnis von drei Monaten bis zu fünf Jahren zu bestrafen.

3. Wer die Freiheitsentziehung länger als drei Monate fortsetzt oder wer die Tat derart verübt, daß sie mit besonderen Qualen für den Verletzten verbunden ist, wird mit Kerker oder Gefängnis von einem bis zu zehn Jahren bestraft.

Unterlassung der Anzeige einer berechtigten Festnahme.

§ **316**. Wer es unterläßt, die von ihm in Ausübung des Rechts der Notwehr oder sonst zum Schutze der Person oder des Vermögens vorgenommene Anhaltung eines anderen ohne Verzug der öffentlichen Behörde anzuzeigen, wird mit Haft bis zu sechs Wochen oder mit Geldstrafe bis zu fünfhundert Kronen bestraft

Entführung einer Person weiblichen Geschlechts wider ihren Willen.

§ **317**. 1. Wer eine Person weiblichen Geschlechts durch Gewalt, Drohung mit Gewalt oder durch List zum Zwecke der Eheschließung entführt, wird mit Gefängnis von drei Monaten bis zu fünf Jahren bestraft.

Der Täter wird nur mit Ermächtigung der Entführten verfolgt und, wenn der Täter oder sein Auftraggeber die Entführte geheiratet hat, überdies nur dann, wenn die Ehe ungültig erklärt worden ist.

Das Recht der Ermächtigung steht der Entführten zu, wenngleich sie das achtzehnte Lebensjahr nicht vollendet hat.

2. Wer eine Person weiblichen Geschlechts durch Gewalt, Drohung mit Gewalt oder durch List zum Zwecke des außerehelichen Geschlechtsverkehrs entführt, wird mit Kerker von einem bis zu fünf Jahren oder mit Gefängnis von sechs Monaten bis zu fünf Jahren bestraft.

Neben der Freiheitsstrafe kann in beiden Fällen Geldstrafe bis zu zwanzigtausend Kronen verhängt werden.

Menschenraub.

§ **318**. Wer einen anderen durch Gewalt, Drohung mit Gewalt oder durch List einer auswärtigen Macht überliefert oder in fremden Kriegsdienst oder Schiffsdienst bringt, wird mit Kerker von zwei bis zu fünfzehn Jahren bestraft.

Betrügerische Werbung.

§ **319**. Wer einen anderen durch Erregung oder Benutzung eines Irrtums für fremden Kriegsdienst anwirbt, wird mit Kerker von einem bis zu fünf Jahren oder mit Gefängnis von sechs Monaten bis zu fünf Jahren bestraft. Neben der Freiheitsstrafe kann Geldstrafe bis zu fünftausend Kronen verhängt werden.

Sklaverei.

§ **320**. Wer einen anderen in Sklaverei oder in einen der Sklaverei gleichkommenden Zustand versetzt, sich an einem diesem Zwecke dienenden Unternehmen oder am Sklavenhandel beteiligt oder einen anderen als Sklaven behandelt, wird mit Kerker von zwei bis zu fünfzehn Jahren bestraft.

Nötigung.

§ **321.** 1. Wer jemanden zu einer Handlung, Duldung oder Unterlassung, zu der dieser nicht verpflichtet ist, dadurch nötigt, daß er gegen ihn Gewalt anwendet oder ihn oder eine ihm nahestehende Person mit Gewaltanwendung bedroht, wird mit Gefängnis oder Haft von zwei Wochen bis zu zwei Jahren bestraft.

2. Wer jemanden zu einer Handlung, Duldung oder Unterlassung, zu der dieser nicht verpflichtet ist, dadurch nötigt, daß er ihn oder eine ihm nahestehende Person mit einem rechtswidrigen Nachteil an Freiheit, Ehre oder Vermögen bedroht, wird mit Gefängnis oder Haft von einer Woche bis zu einem Jahr oder mit Geldstrafe von fünfzig bis zu viertausend Kronen bestraft.

Drohung.

§ **322.** 1. Wer jemanden mit Gewalt oder mit einem rechtswidrigen Nachteil an Freiheit, Ehre oder Vermögen unter solchen Umständen bedroht, daß die Drohung geeignet ist, ernstliche Furcht hervorzurufen, wird mit Gefängnis oder Haft bis zu sechs Monaten oder mit Geldstrafe bis zu zweitausend Kronen bestraft.

2. Wenn der Täter den Bedrohten in Bestürzung oder einen qualvollen Zustand versetzt hat, so ist auf Gefängnis von zwei Wochen bis zu zwei Jahren zu erkennen.

Der Täter wird nur mit Ermächtigung des Verletzten verfolgt, wenn die Tat im Familienverhältnisse verübt wird. Die Ermächtigung kann zurückgenommen werden.

Verletzung des Hausrechts.

§ **323.** 1. Wer in ein Haus oder sonst einen abgeschlossenen Raum, der zum öffentlichen Dienste bestimmt ist oder einem anderen zur Wohnung, zur Ausübung seines Berufes oder Gewerbes dient, gegen den erklärten Willen des Berechtigten eindringt oder wer die den Zutritt zu einem solchen Raume verwehrenden Hindernisse überwindet;

2. wer sich aus einem solchen Raume trotz wiederholter Aufforderung des Berechtigten nicht entfernt, wenn sein Verbleiben nicht durch rücksichtswerte Umstände gerechtfertigt ist;

3. wer gegen den erklärten Willen des Berechtigten den Eintritt in einen solchen Raum hindert,

wird mit Haft bis zu drei Monaten oder mit Geldstrafe bis zu tausend Kronen bestraft.

4. Wer die Tat bewaffnet oder in Gesellschaft mehrerer anderer begeht, ist mit Gefängnis oder Haft von drei Tagen bis zu sechs Monaten oder mit Geldstrafe von zwanzig bis zu zweitausend Kronen zu bestrafen.

Hausfriedensbruch.

§ 324. 1. Wer in ein Haus oder sonst einen abgeschlossenen Raum, der zum öffentlichen Dienste bestimmt ist oder einem anderen zur Wohnung, zur Ausübung seines Berufes oder Gewerbes dient, durch Gewalt oder Drohung mit Gewalt eindringt, um an einer darin befindlichen Person oder Sache eine Gewalttätigkeit zu verüben, wird mit Gefängnis oder Haft von einer Woche bis zu einem Jahre bestraft.

2. Wer bewaffnet oder in Gesellschaft mit mehreren anderen eindringt oder wer eine Gewalttätigkeit verübt hat, ist mit Gefängnis von vier Wochen bis zu drei Jahren zu bestrafen.

Eigenmächtige ärztliche Behandlung.

§ 325. 1. Wer einen anderen wider dessen erklärten oder aus den Umständen zu erschließenden Willen ärztlich behandelt;

2. wer einen anderen, der das achtzehnte Lebensjahr nicht vollendet hat oder mangels geistiger Reife oder Gesundheit oder wegen Störung des Bewußtseins die Notwendigkeit der Behandlung nicht zu beurteilen vermag, wider den erklärten oder aus den Umständen zu erschließenden Willen des gesetzlichen Vertreters ärztlich behandelt,

wird mit Gefängnis oder Haft von einer Woche bis zu einem Jahr oder mit Geldstrafe von fünfzig bis zu viertausend Kronen bestraft.

Wer die Tat begeht, um einen anderen aus unmittelbarer Lebensgefahr zu retten, ist wegen eigenmächtiger ärztlicher Behandlung nicht strafbar.

XXIV. Hauptstück. Strafbare Handlungen gegen die Ehre.

Beschimpfung.

§ 326. Wer jemanden öffentlich oder vor einem dritten beschimpft, tätlich mißhandelt oder mit Mißhandlung bedroht, wird mit Gefängnis oder Haft bis zu drei Monaten oder mit Geldstrafe bis zu tausend Kronen bestraft.

Wer sich nur durch gerechtfertigte Entrüstung über das unmittelbar vorausgegangene Benehmen jemandes dazu hinreißen läßt, ihn in einer den Umständen nach entschuldbaren Weise zu beschimpfen, ist nicht strafbar.

Beleidigung.

§ 327. 1. Wer jemanden gegenüber einem dritten oder in einer einem dritten zugänglichen Mitteilung einer Handlung, Unterlassung, Eigenschaft oder Gesinnung beschuldigt, die geeignet ist, ihn verächtlich zu machen oder in der öffentlichen Meinung herabzusetzen, wird mit Gefängnis oder Haft bis zu sechs Monaten oder mit Geldstrafe bis zu zweitausend Kronen bestraft.

2. Wurde die Tat in einer Druckschrift oder öffentlichen Versammlung begangen, so ist auf Gefängnis oder Haft von einer Woche

bis zu einem Jahr oder auf Geldstrafe von fünfzig bis zu viertausend Kronen zu erkennen.

§ **328**. Der Täter ist nicht strafbar, wenn er nach Inhalt und Form der Beschuldigung eine Pflicht erfüllt oder ein Recht ausübt oder wenn die Beschuldigung erweislich wahr ist.

Das Gericht hat von Strafe abzusehen, wenn der Täter zureichende Gründe hatte, die Beschuldigung für wahr zu halten, sie weder in einer Druckschrift noch in einer öffentlichen Versammlung vorbrachte und das Vorbringen durch ein öffentliches Interesse oder ein berechtigtes Privatinteresse gerechtfertigt war.

§ **329**. Betrifft die Beschuldigung eine Tatsache des Privatlebens oder Familienlebens, so ist nur der Wahrheitsbeweis zulässig und zwar nur dann, wenn die Beschuldigung nicht öffentlich vorgebracht wurde oder wenn das öffentliche Vorbringen nach Inhalt und Form durch ein öffentliches Interesse oder ein berechtigtes Privatinteresse gerechtfertigt war.

Wahrheitsbeweis.

§ **330**. Die Aufnahme des Wahrheitsbeweises ist dadurch bedingt, daß sich der Täter auf die Wahrheit der Beschuldigung beruft.

Wenn eine von Amts wegen zu verfolgende strafbare Handlung den Gegenstand der Beschuldigung bildet, so ist der Beweis der Wahrheit durch die strafgerichtliche Verurteilung zu erbringen, es sei denn, daß die Verfolgung oder Verurteilung des Beleidigten nicht zulässig oder nicht ausführbar ist.

Verleumderische Beleidigung.

§ **331**. 1. Wer wider besseres Wissen jemanden gegenüber einem dritten oder in einer einem dritten zugänglichen Mitteilung einer Handlung, Unterlassung, Eigenschaft oder Gesinnung fälschlich beschuldigt, die geeignet ist, ihn verächtlich zu machen oder in der öffentlichen Meinung herabzusetzen, wird mit Gefängnis von einer Woche bis zu einem Jahre bestraft.

2. Wurde die Tat in einer Druckschrift oder öffentlichen Versammlung begangen, so ist auf Gefängnis von zwei Wochen bis zu zwei Jahren zu erkennen.

Neben der Freiheitsstrafe kann in beiden Fällen Geldstrafe bis zu fünftausend Kronen verhängt werden.

Vorwurf einer Strafe.

§ **332**. 1. Wer jemandem gegenüber einem dritten oder in einer einem dritten zugänglichen Mitteilung eine verbüßte oder erlassene Strafe zum Vorwurf macht, um ihn zu schmähen, wird mit Haft bis zu sechs Wochen oder mit Geldstrafe bis zu fünfhundert Kronen bestraft.

2. Wurde die Tat in einer Druckschrift oder öffentlichen Versammlung begangen, so ist auf Haft bis zu drei Monaten oder auf Geldstrafe bis zu tausend Kronen zu erkennen.

Verfolgung.

§ 333. Der Täter wird nur auf Privatanklage verfolgt.

Richtet sich die Tat gegen die Ehre eines Verstorbenen oder Verschollenen, so steht das Recht zur Privatanklage dem Ehegatten und den Verwandten ersten Grades zu.

Wenn eine Beleidigung gegen eine Person des öffentlichen Dienstes oder einen Religionsdiener während der Ausübung ihres Amtes oder Dienstes oder in einer Druckschrift oder öffentlichen Versammlung wegen der Ausübung begangen wird, so kann der öffentliche Ankläger mit Ermächtigung der dem Beleidigten vorgesetzten Behörde innerhalb der zur Privatanklage offenstehenden Frist die öffentliche Anklage erheben. Die öffentliche Anklage ist ausgeschlossen, sobald die Privatanklage erhoben ist. Das gleiche gilt von der Privatanklage, sobald die öffentliche Anklage erhoben ist.

Veröffentlichung des Urteils.

§ 334. Auf Antrag des Verletzten kann auf Veröffentlichung des verurteilenden Erkenntnisses erkannt werden, wenn der Angriff auf die Ehre in einer Druckschrift oder öffentlichen Versammlung erfolgte.

XXV. Hauptstück. Diebstahl und verwandte strafbare Handlungen.

Diebstahl.

§ 335. Wer eine fremde Sache einem anderen wegnimmt, um durch deren Aneignung sich oder einem dritten einen unberechtigten Vermögensvorteil zuzuwenden, wird mit Gefängnis bis zu sechs Monaten bestraft.

§ 336. 1. Wer einen dem Gottesdienst unmittelbar gewidmeten Gegenstand stiehlt;

2. wer zu der Tat eine von ihm aufgesuchte Gelegenheit ausnützt, bei welcher der Verletzte nicht in der Lage ist, die übliche Aufmerksamkeit aufzuwenden;

wird mit Gefängnis von vier Wochen bis zu drei Jahren bestraft.

Auf dieselbe Strafe ist zu erkennen,

3. wenn der Täter wiederholt rückfällig ist;

4. wenn der Wert der Sache hundert Kronen, jedoch nicht fünfhundert Kronen übersteigt.

§ 337. 1. Wer einen Gefallenen oder Verwundeten auf dem Schlachtfelde bestiehlt;

2. wer einen durch Feuersbrunst, Überschwemmung oder ein ähnliches Ereignis Bedrängten bestiehlt;

3. wer zur Beseitigung eines Widerstandes mit einer Waffe oder einem Mittel zur Betäubung oder Blendung ausgerüstet stiehlt oder in Gesellschaft eines anderen, der in dieser Weise ausgerüstet ist,

wird mit Kerker von einem bis zu fünf Jahren oder mit Gefängnis von drei Monaten bis zu fünf Jahren bestraft.

§ **338.** 1. Wer mittels Einschleichens, Einbrechens oder Einsteigens oder mittels Aufbrechens eines Behältnisses oder Öffnung eines Schlosses durch einen Dietrich oder einen mißbräuchlich erlangten oder verwendeten Schlüssel stiehlt;

2. wer Vieh auf der Weide oder vom Triebe Holz aus abgeschlossenen Waldungen, landwirtschaftliche Geräte auf dem Feld oder nicht eingebrachte landwirtschaftliche Früchte stiehlt,

wird mit Kerker von einem bis zu fünf Jahren oder mit Gefängnis von drei Monaten bis zu fünf Jahren bestraft, wenn der Wert der Sache fünfundzwanzig Kronen übersteigt.

Auf dieselbe Strafe ist zu erkennen,

3. wenn der Täter gewerbemäßig fremdes Vermögen angreift;

4. wenn der Wert der gestohlenen Sache fünfhundert Kronen übersteigt.

§ **339.** Mit Kerker oder Gefängnis von einem bis zu zehn Jahren wird bestraft

1. der Täter, der gegen einen anderen Gewalt anwendet oder ihn mit unverzüglicher Gewaltanwendung bedroht, um sich oder einem dritten die Fortschaffung der Sache oder die Flucht zu ermöglichen;

2. wer mittels Einschleichens, Einbrechens oder Einsteigens oder mittels Aufbrechens eines Behältnisses oder Öffnung eines Schlosses durch einen Dietrich oder einen mißbräuchlich erlangten oder verwendeten Schlüssel stiehlt, wenn der Wert der Sache fünfhundert Kronen übersteigt.

Auf dieselbe Strafe ist zu erkennen,

3. wenn durch die Tat eine größere Zahl von Personen schwer geschädigt wurde;

4. wenn der Täter gewerbemäßig fremdes Vermögen angreift und der Wert der Sache fünfhundert Kronen übersteigt.

Veruntreuung.

§ **340.** 1. Wer ein ihm anvertrautes Gut sich aneignet oder vorenthält, um dadurch sich oder einem dritten einen unberechtigten Vermögensvorteil zuzuwenden, wird mit Gefängnis bis zu sechs Monaten bestraft.

Auf Gefängnis von vier Wochen bis zu drei Jahren ist zu erkennen,

2. wenn der Täter wiederholt rückfällig ist;

3. wenn der Wert des Gutes hundert Kronen, jedoch nicht fünfhundert Kronen übersteigt.

§ **341.** 1. Wer ein Gut veruntreut, das ihm kraft seines öffentlichen Amts oder Dienstes oder durch Auftrag einer öffentlichen Behörde anvertraut ist, wird mit Kerker von einem bis zu fünf Jahren oder mit Gefängnis von drei Monaten bis zu fünf Jahren bestraft, wenn der Wert der Sache fünfundzwanzig Kronen übersteigt.

Auf dieselbe Strafe ist zu erkennen,

2. wenn der Täter gewerbemäßig fremdes Vermögen angreift;

3. wenn der Wert des Gutes fünfhundert Kronen übersteigt.

§ 342. 1. Wer eine Fälschung, falsche Eintragung oder sonst einen besonderen Kunstgriff anwendet, um die Tat durch längere Zeit fortsetzen zu können, wird mit Kerker oder Gefängnis von einem bis zu zehn Jahren bestraft, wenn der Wert des Gutes fünfhundert Kronen übersteigt.

Auf dieselbe Strafe ist zu erkennen,

2. wenn durch die Tat eine größere Zahl von Personen schwer geschädigt wurde;

3. wenn der Täter gewerbemäßig fremdes Vermögen angreift und der Wert des Gutes fünfhundert Kronen übersteigt.

Aneignung fremden Grundes.

§ 343. 1. Wer sich fremden Grund durch Abpflügen oder Abgraben aneignet, um dadurch sich oder einem dritten einen unberechtigten Vermögensvorteil zuzuwenden, wird mit Gefängnis bis zu sechs Monaten bestraft.

2. Wenn der Wert des Grundes hundert Kronen übersteigt, ist auf Gefängnis von vier Wochen bis zu drei Jahren zu erkennen.

Der Täter ist wegen Grundaneignung nicht strafbar, wenn der Wert des Grundes ein geringer ist.

Forstfrevel und Feldfrevel.

§ 344. Dem Strafgesetz unterliegt nicht

1. die Aneignung von Bodenerzeugnissen und Bodenbestandteilen, wie Feldfrüchten, Baumfrüchten, Weintrauben, Baumharz, Laub, Ruten, Gerten, Samen, Klaubholz, Streu, Moos, Torf, Rasen, Erde und Steinen in einem eine Krone nicht übersteigenden Werte;

2. die Aneigung von wildwachsenden Pilzen, Kräutern, Blumen, Beeren und anderen Waldfrüchten in einem drei Kronen nicht übersteigenden Werte.

Eigenmächtige Aneignung

§ 345. Wer sich eine fremde Sache aneignet, ohne dadurch einen Vermögensvorteil anzustreben, wird mit Gefängnis oder Haft bis zu drei Monaten oder mit Geldstrafe bis zu tausend Kronen bestraft.

Der Täter wird nur mit Ermächtigung des Verletzten verfolgt.

Der Täter ist nicht strafbar, wenn die Sache nahezu keinen Wert hat.

Unterschlagung.

§ 346. 1. Wer eine fremde Sache, die durch Fund, Irrtum oder sonst in anderer Weise als durch Anvertrauen in seinen Gewahrsam gelangt ist, sich aneignet, um dadurch sich oder einem dritten einen unberechtigten Vermögensvorteil zuzuwenden, wird mit Gefängnis oder Haft bis zu sechs Monaten oder Geldstrafe bis zu zweitausend Kronen bestraft.

2. Der öffentliche Beamte, der eine bei Ausübung seines Amts oder Dienstes in seinen Gewahrsam gelangte Sache unterschlägt, ist mit Gefängnis von vier Wochen bis zu drei Jahren zu bestrafen, wenn der Wert der Sache fünfundzwanzig Kronen übersteigt.

3. Auf dieselbe Strafe ist zu erkennen, wenn der Wert der Sache fünfhundert Kronen übersteigt.

Wer eine Sache unterschlägt, deren Wert zwei Kronen nicht übersteigt, ist nicht strafbar, es sei denn, daß ein öffentlicher Beamter eine bei Ausübung seines Amtes oder Dienstes in seinen Gewahrsam gelangte Sache unterschlägt.

Auf die Aneignung eines Schatzes sind die Bestimmungen nicht anzuwenden.

Entfremdung.

§ **347.** 1. Wer sich eine fremde Sache von geringem Werte zum unmittelbaren Verbrauch oder zur unmittelbaren Verwendung für sich oder einen dritten aneignet, wird mit Gefängnis oder Haft bis zu zwei Wochen oder mit Geldstrafe bis zu zweihundert Kronen bestraft.

2. Auf Gefängnis bis zu drei Monaten ist zu erkennen, wenn der Täter wiederholt rückfällig ist.

Der Täter wird nur mit Ermächtigung des Verletzten verfolgt.

Der Täter ist nicht strafbar, wenn die Sache nahezu keinen Wert hat.

Die Bestimmungen sind auf den Täter anzuwenden, der die Sache einem Automaten entlockt.

Wilderei.

§ **348.** 1. Wer ein Tier, dessen Zueignung dem Jagdrecht oder Fischereirecht eines anderen vorbehalten ist, ohne Einwilligung des Berechtigten erlegt, fängt oder sich aneignet, wird mit Gefängnis oder Haft von drei Tagen bis zu sechs Monaten oder mit Geldstrafe von zwanzig bis zu zweitausend Kronen bestraft.

2. Der Täter, der aus Eigennutz handelt oder die Tat während der Schonzeit begeht oder Wild mit einer Schlinge, einem Netz, einer Falle oder einem ähnlichen Werkzeug fängt, ist mit Gefängnis bis zu sechs Monaten zu bestrafen.

3. Der Täter, der einen Sprengstoff, ein Betäubungsmittel oder Gift anwendet, ist mit Gefängnis von zwei Wochen bis zu zwei Jahren zu bestrafen.

4. Auf Gefängnis von vier Wochen bis zu drei Jahren ist zu erkennen, wenn der Täter wiederholt rückfällig ist und aus Eigennutz handelt oder wenn die Tat gewerbemäßig begangen wird.

§ **349.** 1. Der Täter, der gegen einen anderen Gewalt anwendet oder ihn mit unverzüglicher Gewaltanwendung bedroht, um sich oder einem dritten die Fortschaffung des angeeigneten Tieres oder die Flucht zu ermöglichen, ist mit Kerker von einem bis zu fünf Jahren oder mit Gefängnis von drei Monaten bis zu fünf Jahren zu bestrafen.

2. Auf dieselbe Strafe ist zu erkennen, wenn die Tat gewerbemäßig begangen wird und großen Nachteil verursacht.

§ 350. Die Bestimmungen über Wilderei sind auf die Aneignung von Tieren aus abgeschlossenen Waldungen und Tiergärten sowie aus Teichen und Fischbehältern nicht anzuwenden.

§ 351. Wer sich ohne Einwilligung des Berechtigten Eier jagdbarer Vögel oder ein abgeworfenes Geweih aneignet, wird mit Haft bis zu vier Wochen oder mit Geldstrafe bis zu dreihundert Kronen bestraft.

Unbefugte Fischerei in Küstengewässern.

§ 352. Der Ausländer, der sich in den österreichischen Küstengewässern Meerestiere, Schwämme, Korallen oder Pflanzen aneignet, deren Zueignung den Inländern vorbehalten ist, wird mit Gefängnis oder Haft von drei Tagen bis zu sechs Monaten oder mit Geldstrafe von zwanzig bis zu zweitausend Kronen bestraft.

Gebrauchsanmaßung.

§ 353. Wer eine fremde Sache ohne Absicht auf Aneignung einem anderen wegnimmt, um sie derart zu gebrauchen, daß daraus ein Vermögensnachteil für den Berechtigten entstehen kann, wird mit Gefängnis oder Haft bis zu sechs Wochen oder mit Geldstrafe bis zu fünfhundert Kronen bestraft.

Der Täter wird nur auf Privatanklage verfolgt.

Familienverhältnis.

§ 354. 1. Wer Diebstahl oder Veruntreuung im Familienverhältnisse begeht, wird mit Gefängnis oder Haft bis zu sechs Monaten bestraft.

2. Wer Unterschlagung im Familienverhältnisse begeht, wird mit Gefängnis oder Haft bis zu drei Monaten oder mit Geldstrafe bis zu tausend Kronen bestraft.

Der Täter wird nur mit Ermächtigung des Verletzten verfolgt. Die Ermächtigung kann zurückgenommen werden.

Wer eine andere in diesem Hauptstücke mit Strafe bedrohte Tat im Familienverhältnisse begeht, ist nicht strafbar.

XXVI. Hauptstück. Erpressung und Raub.

Erpressung.

§ 355. 1. Wer, um sich oder einem dritten einen unberechtigten Vermögensvorteil zuzuwenden, jemanden zu einer Handlung, Duldung oder Unterlassung dadurch nötigt, daß er gegen ihn oder eine ihm nahestehende Person Gewalt anwendet oder sie mit einem rechtswidrigen Nachteil an Körper, Freiheit oder Vermögen, mit einem Angriff auf die Ehre, einer strafgerichtlichen Anzeige oder mit der

Offenbarung eines Geheimnisses bedroht, dessen Bekanntwerden geeignet ist, die bürgerliche Stellung des Bedrohten zu untergraben, wird mit Gefängnis von vier Wochen bis zu drei Jahren bestraft.

Auf Kerker von einem bis zu fünf Jahren ist zu erkennen,

2. wenn der Täter mit einem sehr schweren Nachteile droht;

3. wenn der Täter wiederholt rückfällig ist oder gewerbemäßig fremdes Vermögen angreift.

4. Wenn der Bedrohte in einen qualvollen Zustand versetzt wurde, ist auf Kerker von einem bis zu zehn Jahren zu erkennen.

Raub.

§ 356. Wer, um sich oder einem Dritten einen unberechtigten Vermögensvorteil zuzuwenden, sich dadurch einer fremden Sache bemächtigt, daß er durch Gewalt oder Drohung mit unverzüglicher Gewaltanwendung den Widerstand eines anderen überwindet oder verhindert, wird mit Kerker oder Gefängnis von einem bis zu zehn Jahren bestraft.

§ 357. 1. Wer die Tat in Gesellschaft eines anderen begeht;

2 wer die Tat auf einem Schiff oder auf einem mit Elementarkraft betriebenen Fahrzeug oder an einem Verwundeten auf dem Schlachtfelde begeht,

ist mit Kerker von zwei bis zu fünfzehn Jahren zu bestrafen.

Auf dieselbe Strafe ist zu erkennen,

3. wenn die Tat eine schwere Verletzung am Körper, schweren Schaden an der Gesundheit oder den Tod zur Folge hatte oder wenn sie mit besonderen Qualen für den Verletzten verbunden war;

4. wenn der Täter wiederholt rückfällig ist oder gewerbemäßig fremdes Vermögen angreift.

XXVII. Hauptstück. Betrug.

Betrug.

§ 358 1. Wer jemanden durch Erregung oder listige Benutzung eines Irrtums zu einer Handlung, Duldung oder Unterlassung veranlaßt, die für dessen oder eines anderen Vermögen nachteilig ist, um dadurch sich oder einem Dritten einen unberechtigten Vermögensvorteil zuzuwenden, wird mit Gefängnis bis zu sechs Monaten bestraft.

2. Wer die Tat durch Anwendung von falschem oder geringhaltigem Maß oder Gewicht in einem Gewerbe begeht, ist mit Gefängnis von vier Wochen bis zu drei Jahren zu bestrafen.

Auf dieselbe Strafe ist zu erkennen,

3. wenn der Täter wiederholt rückfällig ist;

4. wenn der mit der Tat verbundene Nachteil hundert Kronen, jedoch nicht fünfhundert Kronen übersteigt.

§ 359. 1. Wer die Tat dadurch begeht, daß er sich fälschlich einen Auftrag einer öffentlichen Behörde oder eine Befugnis einer Person des öffentlichen Dienstes beilegt, ist mit Kerker von einem bis zu fünf Jahren oder mit Gefängnis von drei Monaten bis zu fünf Jahren zu bestrafen.

Auf dieselbe Strafe ist zu erkennen,

2. wenn der Täter gewerbemäßig fremdes Vermögen angreift;

3. wenn der mit der Tat verbundene Nachteil fünfhundert Kronen übersteigt.

§ 360. 1. Wer die Tat mit großer Verschlagenheit begeht, wird mit Kerker oder Gefängnis von einem bis zu zehn Jahren bestraft, wenn der mit der Tat verbundene Nachteil fünfhundert Kronen übersteigt.

Auf dieselbe Strafe ist zu erkennen,

2. wenn durch die Tat eine größere Zahl von Personen schwer geschädigt wurde;

3. wenn der Täter gewerbemäßig fremdes Vermögen angreift und der mit der Tat verbundene Nachteil fünfhundert Kronen übersteigt.

Versicherungsbetrug.

§ 361. Wer eine gegen Untergang, Beschädigung, Verlust oder Diebstahl versicherte Sache zerstört, beschädigt oder beiseite schafft, um für sich oder einen Dritten einen unberechtigten Anspruch auf die Versicherungssumme zu begründen, ist gleich einem Betrüger zu bestrafen.

Betrügerische Verleitung zur Auswanderung.

§ 362. 1. Wer, um sich oder einem Dritten einen Vermögensvorteil zuzuwenden, jemanden durch Erregung oder listige Benutzung eines Irrtums bestimmt, sich zum Erwerbe seines Lebensunterhaltes in das Ausland zu begeben, wird mit Gefängnis von einer Woche bis zu einem Jahre bestraft.

2. Wenn die Tat gewerbemäßig begangen wird, ist auf Kerker von einem bis zu fünf Jahren oder auf Gefängnis von drei Monaten bis zu fünf Jahren zu erkennen.

Prellerei.

§ 363. 1. Wer die Verrichtung eines Automaten erschleicht, ohne das Entgelt zu leisten;

2 wer durch Erregung oder listige Benutzung eines Irrtums sich den Zutritt zu einer entgeltlichen Veranstaltung oder Ausstellung oder die Benutzung eines entgeltlichen Transportmittels verschafft, ohne das Entgelt zu leisten,

wird mit Gefängnis oder Haft bis zu zwei Wochen oder mit Geldstrafe bis zu zweihundert Kronen bestraft, wenn das dem Berechtigten entgangene Entgelt ein geringes ist.

Familienverhältnis.

§ 364. Wer Betrug im Familienverhältnisse begeht, wird mit Gefängnis oder Haft bis zu sechs Monaten bestraft.

Der Täter wird nur mit Ermächtigung des Verletzten verfolgt. Die Ermächtigung kann zurückgenommen werden.

Wer Prellerei im Familienverhältnisse begeht, ist nicht strafbar.

Gemeinsame Bestimmung über Geldstrafe.

§ **365.** Neben einer wegen Übertretung des Betruges verhängten Freiheitsstrafe kann Geldstrafe bis zu zweitausend Kronen verhängt werden.

Neben einer wegen Vergehens oder Verbrechens des Betruges oder wegen betrügerischer Verleitung zur Auswanderung verhängten Freiheitsstrafe kann Geldstrafe bis zu zwanzigtausend Kronen verhängt werden.

XXVIII. Hauptstück. Benachteiligung von Gläubigern.

Betrügerische Krida.

§ **366.** 1. Wer die Befriedigung seiner Gläubiger oder eines Teiles dadurch vereitelt oder schmälert, daß er einen Bestandteil seines Vermögens verheimlicht, beiseite schafft, veräußert oder zerstört, eine nicht bestehende Verpflichtung vorschützt oder anerkennt oder sonst sein Vermögen verringert, wird mit Gefängnis von drei Monaten bis zu drei Jahren bestraft.

2. Wenn der Täter aus grobem Eigennutze gehandelt hat, wenn er rückfällig ist, wenn der Passivstand ein bedeutender ist und den Aktivstand erheblich übersteigt oder wenn der Täter Handelsbücher, die er zu führen verpflichtet ist, beiseite geschafft oder vernichtet hat, ist auf Kerker von einem bis zu fünf Jahren oder auf Gefängnis von sechs Monaten bis zu fünf Jahren zu erkennen.

3. Auf Kerker oder Gefängnis von einem bis zu zehn Jahren ist zu erkennen, wenn durch die Tat eine größere Zahl von Personen schwer geschädigt wurde.

Begünstigung eines Gläubigers.

§ **367.** Wer nach Eintritt der Unfähigkeit, seine Gläubiger oder einen Teil voll zu befriedigen, einen Gläubiger zum Nachteile der anderen begünstigt, wird mit Gefängnis von zwei Wochen bis zu zwei Jahren bestraft.

Schädigung fremder Gläubiger.

§ **368.** 1. **Wer ohne Einverständnis mit dem Schuldner einen Bestandteil von dessen Vermögen verheimlicht, beiseite schafft, veräußert** oder zerstört, oder ein nicht bestehendes Recht gegen das Vermögen des Schuldners geltend macht, um dadurch sich, dem Schuldner oder einem Dritten zum Nachteile der Gläubiger einen unberechtigten Vermögensvorteil zuzuwenden, wird mit Gefängnis von drei Monaten bis zu drei Jahren bestraft.

2. Auf Kerker von einem bis zu fünf Jahren oder auf Gefängnis von sechs Monaten bis zu fünf Jahren ist zu erkennen, wenn der Täter aus grobem Eigennutz gehandelt hat oder wenn er rückfällig ist.

3. Auf Kerker oder Gefängnis von einem bis zu zehn Jahren ist zu erkennen, wenn durch die Tat eine größere Zahl von Personen schwer geschädigt wurde.

Fahrlässige Krida.

§ 369. 1 Wer fahrlässig die Unfähigkeit, seine Gläubiger oder einen Teil voll zu befriedigen, herbeiführt, insbesondere dadurch, daß er übermäßigen Aufwand treibt, leichtsinnig oder unverhältnismäßig Kredit benützt oder gewährt, Vermögensstücke verschleudert oder gewagte Geschäfte abschließt, die nicht zum ordnungsgemäßen Betriebe seines Geschäfts gehören oder mit seinen Vermögensverhältnissen in auffallendem Widerspruche stehen;

2. wer fahrlässig seine Gläubiger oder einen Teil dadurch benachteiligt, daß er nach Eintritt der Unfähigkeit, sie voll zu befriedigen, in Kenntnis dieses Umstandes eine neue Schuld eingeht, eine Schuld zahlt, ein Pfand bestellt oder den Konkurs nicht rechtzeitig anmeldet,

wird mit Gefängnis von einer Woche bis zu einem Jahre bestraft.

3. Wenn der Täter Handelsbücher, die er zu führen verpflichtet ist, beiseite geschafft oder vernichtet hat, so ist auf Gefängnis von vier Wochen bis zu drei Jahren zu erkennen.

Mangelhafte Buchführung durch den Gemeinschuldner.

§ 370. Wer entgegen einer gesetzlichen Verpflichtung seine Vermögensbilanz in der vorgeschriebenen Zeit nicht zieht oder Handelsbücher zu führen unterläßt oder sie unordentlich führt, daß sie keine Übersicht über den Vermögensstand gewähren, wird mit Gefängnis oder Haft bis zu sechs Monaten bestraft, wenn er unfähig wird, seine Gläubiger voll zu befriedigen.

Umtriebe im Konkursverfahren.

§ 371. 1. Wer eine nicht zu Recht bestehende Forderung oder eine Forderung in einem nicht zu Recht bestehenden Umfang oder Rang geltend macht, um dadurch einen ihm nicht zustehenden Einfluß auf die Verwaltung, Veräußerung oder Verteilung des Konkursvermögens zu erlangen;

2. der Konkursgläubiger, der für die Ausübung des Stimmrechts in einem bestimmten Sinn oder für das Unterlassen der Ausübung des Stimmrechts für sich oder einen Dritten einen Vermögensvorteil annimmt oder sich versprechen läßt oder wer einem Konkursgläubiger zu diesem Zweck einen Vermögensvorteil gewährt oder verspricht;

3. der Konkursgläubiger, der für die Zustimmung zu einem Zwangsausgleich oder zu einem anderen die Aufhebung des Konkurses bezweckenden Vertrag ohne Zustimmung der übrigen Gläubiger für sich oder einen Dritten einen Sondervorteil annimmt oder sich versprechen läßt oder wer einem Konkursgläubiger zu diesem Zweck einen Vermögensvorteil gewährt oder verspricht,

wird mit Gefängnis von einer Woche bis zu einem Jahre bestraft.

4. Ebenso werden der Konkursmasseverwalter oder das Mitglied des Gläubigerausschusses bestraft, die für sich oder einen Dritten zum Nachteile der Gläubiger einen ihnen nicht gebührenden Vermögensvorteil annehmen oder sich versprechen lassen.

Vereitlung einer Zwangsvollstreckung.

§ **372.** 1. Wer einen der Zwangsvollstreckung unterliegenden Vermögensbestandteil einer bevorstehenden oder bereits eingeleiteten Zwangsvollstreckung entzieht, um die Befriedigung seines Gläubigers zu vereiteln, zu beeinträchtigen oder zu erschweren;

2. wer angesichts einer bevorstehenden oder bei einer bereits eingeleiteteten Zwangsvollstreckung eine ihr unterliegende Sache beschädigt, um die Befriedigung seines Gläubigers zu vereiteln, zu beeinträchtigen oder zu erschweren,

wird mit Gefängnis oder Haft bis zu sechs Monaten bestraft.

3. Wenn der Täter wiederholt rückfällig ist oder der mit der Tat verbundene Nachteil hundert Kronen übersteigt, ist auf Gefängnis oder Haft von zwei Wochen bis zu zwei Jahren zu erkennen.

Gemeinsame Bestimmung über die Verantwortlichkeit der Leiter geschäftlicher Unternehmungen und der Bevollmächtigten.

§ **373.** Wenn in den Fällen der §§ 366, 367, 369, 370, 372 der Schuldner und im Falle des § 371 der Gläubiger oder der Schuldner eine Gesellschaft, Genossenschaft oder ein Verein ist, sind die Bestimmungen auf die Organe des Unternehmens anzuwenden, welche die Tat begangen haben.

Wenn in den angeführten Fällen die Tat von jemandem begangen wird, der die Geschäfte des Schuldners oder des Gläubigers selbständig führt, so sind die Bestimmungen auch auf ihn anzuwenden.

Verletzung von Pfandrechten und Gebrauchsrechten.

§ **374.** 1. Wer seine Sache dem Nutznießer oder Pfandgläubiger wegnimmt oder durch Zerstörung oder Beschädigung ganz oder teilweise entzieht, um sich oder einem Dritten einen unberechtigten Vermögensvorteil zuzuwenden, oder um dem Berechtigten einen rechtswidrigen Vermögensnachteil zuzufügen;

2. wer eine fremde Sache dem Nutznießer oder Pfandgläubiger im Einverständnis mit dem Eigentümer wegnimmt oder durch Zerstörung oder Beschädigung ganz oder teilweise entzieht,

wird mit Gefängnis oder Haft bis zu drei Monaten oder mit Geldstrafe bis zu tausend Kronen bestraft.

3. Wenn der mit der Tat verbundene Nachteil hundert Kronen übersteigt, ist auf Gefängnis oder Haft von drei Tagen bis zu sechs Monaten zu erkennen.

Der Täter wird nur auf Privatanklage verfolgt.

Wer die Tat im Familienverhältnisse begeht, ist nicht strafbar.

Krediterschleichung.

§ 375. Wer unter Verschweigung seiner Unfähigkeit, sofort zu zahlen oder die Zahlung sicherzustellen, den Besitzer, Angestellten oder Diener eines Gewerbes, welches die Beherbergung von Fremden, die Verabreichung von Speisen, Getränken oder anderen Gegenständen des Verbrauchs oder sofort zu entlohnende persönliche Leistungen zum Gegenstand hat, zu einer Leistung dieser Art bestimmt, wird mit Gefängnis oder Haft bis zu drei Monten oder mit Geldstrafe bis zu tausend Kronen bestraft.

Der Täter wird nur auf Privatanklage verfolgt.

XXIX. Hauptstück. Strafbare Ausbeutung.

Wucher.

§ 376. 1. Wer bei Gewährung oder Verlängerung von Kredit den Leichtsinn, die Zwangslage, Verstandesschwäche, Unerfahrenheit oder Gemütsaufregung eines anderen dadurch ausbeutet, daß er sich oder einem Dritten eine Gegenleistung versprechen oder gewähren läßt, die zum Werte seiner Leistung in auffallendem Mißverhältnisse steht;

2. wer eine wucherische Forderung erwirbt, um sie geltend zu machen oder einem anderen zu übertragen;

3. wer eine wucherische Forderung geltend macht oder einem anderen überträgt,

wird mit Gefängnis von einer Woche bis zu einem Jahre bestraft

§ 377. 1. Der Täter, der das Geschäft verschleiert, der sich die Leistung des wucherischen Vorteils durch Eid, Ehrenwort oder eine ähnliche Beteuerung versichern läßt oder sich über die noch nicht bestehende Forderung einen Exekutionstitel verschafft;

2. wer eine auf diese Weise entstandene oder versicherte wucherische Forderung erwirbt, um sie geltend zu machen oder einem anderen zu übertragen, oder wer sie geltend macht oder einem anderen überträgt,

ist mit Gefängnis von vier Wochen bis zu drei Jahren zu bestrafen.

3. Auf dieselbe Strafe ist zu erkennen, wenn die Tat gewerbemäßig begangen wird oder wenn der Täter wiederholt rückfällig ist.

4. Wenn der Täter den Wucher gewerbemäßig betreibt und eine größere Zahl von Personen schwer geschädigt wurde, ist auf Kerker von einem bis zu fünf Jahren oder auf Gefängnis von sechs Monaten bis zu fünf Jahren zu erkennen.

§ 378. 1. Wer bei Abschluß, Abänderung oder Vermittlung eines Rechtsgeschäftes, das den Erwerb oder die Veräußerung einer Sache oder eines Rechtes zum Gegenstand hat, den Leichtsinn, die Zwangslage, Verstandesschwäche, Unerfahrenheit oder Gemütsaufregung eines anderen dadurch ausbeutet, daß er sich oder einem Dritten eine Gegenleistung versprechen oder gewähren läßt, die zum

Werte seiner Leistung in auffallendem Mißverhältnisse steht, wird mit Gefängnis von vier Wochen bis zu drei Jahren bestraft, wenn die Tat gewerbemäßig begangen wird.

2. Auf Kerker von einem bis zu fünf Jahren oder auf Gefängnis von sechs Monaten bis zu fünf Jahren ist zu erkennen, wenn eine größere Zahl von Personen schwer geschädigt wurde.

Geldstrafe und Schmälerung der bürgerlichen Ehrenrechte.

§ 379. Neben der Freiheitsstrafe kann in allen Fällen Geldstrafe bis zu zwanzigtausend Kronen verhängt werden.

Auf Schmälerung der bürgerlichen Ehrenrechte für die Dauer der zu verbüßenden Strafe und einen weiteren Zeitraum von fünf Jahren kann erkannt werden.

Ausbeutung des Ehrenwortes.

§ 380. Wer sich von jemandem, für den der Bruch des Ehrenwortes den Verlust eines öffentlichen Amtes oder Dienstes zur Folge haben kann, die Erfüllung einer Verpflichtung aus einem Kreditgeschäft unter Ehrenwort oder einer ähnlichen Beteuerung versprechen läßt, wird mit Gefängnis oder Haft bis zu sechs Monaten bestraft. Neben der Freiheitsstrafe kann Geldstrafe bis zu zweitausend Kronen verhängt werden.

Verleitung zum Börsenspiele.

§ 381. 1. Wer, um sich oder einem Dritten einen Vermögensvorteil zuzuwenden, jemanden unter Ausnutzung von dessen Leichtsinn, Verstandesschwäche oder Unerfahrenheit zu einem Geschäft über Wertpapiere oder Waren unter Umständen bestimmt, aus welchen die Absicht hervorgeht, aus dem Steigen oder Fallen des Börsenpreises einen Gewinn zu erzielen, ohne den Gegenstand wirklich zu liefern oder zu übernehmen, wird mit Gefängnis oder Haft von einer Woche bis zu einem Jahr oder mit Geldstrafe von fünfhundert bis zu zwanzigtausend Kronen bestraft. Neben der Freiheitsstrafe kann Geldstrafe bis zu zwanzigtausend Kronen verhängt werden.

2. Wer durch eine marktschreierische Ankündigung zum Abschlusse von Börsenspekulationsgeschäften in Wertpapieren oder Waren zu bestimmen sucht, wird mit Haft bis zu drei Monaten oder mit Geldstrafe bis zu tausend Kronen bestraft.

Umtriebe bei Feilbietungen.

§ 382. 1. Wer einem anderen einen Vermögensvorteil dafür gewährt oder verspricht, daß dieser bei einer öffentlichen Feilbietung sich des Mitbietens enthalte oder das Mitbieten nach Erreichung eines bestimmten Preises oder eines bestimmten Zeitpunktes einstelle, oder wer hierfür einen Vermögensvorteil annimmt oder sich versprechen läßt;

2. wer jemandem eine zur Täuschung geeignete unwahre Mitteilung macht, sie verbreitet oder sich anderer Umtriebe bedient, um das Mitbieten eines anderen bei einer öffentlichen Feilbietung ganz oder zum Teile zu vereiteln,

wird mit Haft bis zu sechs Wochen oder mit Geldstrafe bis zu fünfhundert Kronen bestraft.

XXX. Hauptstück. Strafbare Handlungen gegen die wirtschaftliche Ordnung.

Lebensmittelfälschung.

§ **383.** 1. Wer zum Zwecke der Täuschung im Handel und Verkehr ein Lebensmittel nachmacht oder verfälscht;

2. wer ein Lebensmittel, das nachgemacht, verfälscht, verdorben oder unreif ist oder an seinem Nährwert eingebüßt hat, unter einer zur Täuschung geeigneten Form oder Bezeichnung feilhält;

3. wer zum Zwecke der Täuschung ein Lebensmittel unter einer falschen Bezeichnung feilhält oder verkauft;

4. wer ein Lebensmittel verkauft, das nachgemacht, verfälscht, verdorben oder unreif ist oder an seinem Nährwert eingebüßt hat, es wäre denn, daß der Käufer diesen Zustand kannte oder offenbar erkennen mußte,

wird mit Gefängnis oder Haft bis zu drei Monaten oder mit Geldstrafe bis zu tausend Kronen bestraft. Neben der Freiheitsstrafe kann Geldstrafe bis zu tausend Kronen verhängt werden.

5. Wenn der Täter wiederholt rückfällig ist oder durch die Tat einen bedeutenden Umsatz an Waren erzielt hat, ist auf Gefängnis von einer Woche bis zu sechs Monaten zu erkennen. Neben der Freiheitsstrafe kann Geldstrafe bis zu zweitausend Kronen verhängt werden.

§ **384.** 1. Wer fahrlässig ein Lebensmittel, das nachgemacht, verfälscht, verdorben oder unreif ist oder an seinem Nährwert eingebüßt hat, unter einer zur Täuschung geeigneten Form oder Bezeichnung feilhält;

2. wer fahrlässig ein Lebensmittel feilhält oder verkauft, das zum Zwecke der Täuschung mit einer falschen Bezeichnung versehen ist;

3. wer fahrlässig ein Lebensmittel verkauft, das nachgemacht, verfälscht, verdorben oder unreif ist oder an seinem Nährwert eingebüßt hat, es wäre denn, daß der Käufer diesen Zustand kannte oder offenbar erkennen mußte,

wird mit Haft bis zu vier Wochen oder mit Geldstrafe bis zu dreihundert Kronen bestraft.

4. Wenn der Täter wiederholt rückfällig ist, so ist auf Haft bis zu drei Monaten zu erkennen. Neben der Freiheitsstrafe kann Geldstrafe bis zu tausend Kronen verhängt werden.

§ **385.** Angaben, die in Abnehmerkreisen eine von dem ursprünglichen Wortsinn abweichende geläufige Bedeutung erlangt haben, sind nach dieser Bedeutung zu beurteilen, wenn ihnen nicht durch Zusätze ihr ursprünglicher Sinn wiedergegeben wird.

Als Verfälschung eines Lebensmittels ist es nicht anzusehen, wenn ihm ein unschädlicher Stoff beigemischt oder eine Mengung mit unschädlichen Mitteln vorgenommen wird, um das Lebensmittel für längere Aufbewahrung oder zur Versendung haltbarer oder zum Verbrauche geeigneter zu machen, ohne daß durch diesen Vorgang das Gewicht oder Maß zum Zwecke der Täuschung gesteigert oder die geringere Qualität des Lebensmittels verdeckt wird.

Verfall.

§ 386. Auf den Verfall des Lebensmittels kann erkannt werden. Im Falle des Feilhaltens oder Verkaufens eines Lebensmittels unter einer falschen Bezeichnung ist auf Beseitigung und Verfall der die falsche Angabe enthaltenden Bezeichnung zu erkennen; wenn aber die Bezeichnung nicht trennbar ist, auf den Verfall des Lebensmittels.

Ist das Lebensmittel in das Eigentum eines Dritten übergegangen, kann auf den Verfall nur erkannt werden, wenn ein Mißbrauch zu besorgen ist.

Wahrheitswidrige Anpreisung.

§ 387. 1. Wer zum Zwecke der Täuschung im Handel und Verkehr in der Aufschrift auf einer feilgehaltenen oder in Verkehr gesetzten Ware oder in einer anderen für einen größeren Kreis von Personen bestimmten Kundgebung, womit eine Ware oder eine Leistung angeboten wird, eine unwahre Angabe über Beschaffenheit, Art der Herstellung, Menge, örtliche Herkunft oder Bezugsquelle macht, die geeignet ist, zum Ankauf oder zur Bestellung zu bestimmen, wird mit Gefägnis oder Haft bis zu drei Monaten oder mit Geldstrafe bis zu tausend Kronen bestraft. Neben der Freiheitsstrafe kann Geldstrafe bis zu tausend Kronen verhängt werden.

2. Wenn der Täter wiederholt rückfällig ist, so ist auf Gefängnis von einer Woche bis zu sechs Monaten zu erkennen. Neben der Freiheitsstrafe kann Geldstrafe bis zu zweitausend Kronen verhängt werden.

Die Bestimmung des ersten Absatzes des § 385 ist anzuwenden.

Verfall.

§ 388. Das Gericht erkennt auf Beseitigung und Verfall der die falsche Angabe enthaltenden Bezeichnung; wenn aber die Bezeichnung nicht trennbar ist, auf den Verfall der die Bezeichnung tragenden Sache.

Der Verfall ist ausgeschlossen, wenn die Sache in das Eigentum eines Dritten übergegangen ist.

Schädigung des wirtschaftlichen Rufes.

§ 389. 1. Wer wider besseres Wissen gegenüber einem Dritten oder in einer einem Dritten zugänglichen Mitteilung eine unwahre

Tatsache behauptet, die geeignet ist, den Absatz, Kredit, Geschäftsbetrieb oder die Berufsausübung eines anderen zu beeinträchtigen, wird mit Gefängnis oder Haft bis zu sechs Monaten oder mit Geldstrafe bis zu zweitausend Kronen bestraft.

2. Wenn durch die Tat die Gefahr des wirtschaftlichen Verderbens des Angegriffenen herbeigeführt oder eine größere Zahl von Personen schwer geschädigt wurde, ist auf Gefängnis von einer Woche bis zu einem Jahre zu erkennen.

Neben der Freiheitsstrafe kann in beiden Fällen Geldstrafe bis zu zweitausend Kronen verhängt werden. Auf Antrag kann auf Veröffentlichung des Urteiles erkannt werden.

Der Täter wird nur auf Privatanklage verfolgt.

Kurstreiberei.

§ 390. 1. Wer für eine Mitteilung in einer Druckschrift, durch die auf den Börsenpreis eines Wertpapieres oder einer Ware eingewirkt werden soll, einen Vermögensvorteil gewährt oder verspricht oder annimmt oder sich versprechen läßt, der in auffallendem Mißverhältnisse zu der Leistung steht;

2. wer jemandem einen Vermögensvorteil dafür gewährt oder verspricht, daß eine wahre Angabe über einen für die Bildung des Börsenpreises eines Wertpapieres oder einer Ware wesentlichen Umstand in einer Druckschrift nicht veröffentlicht werde, oder wer hierfür einen Vermögensvorteil annimmt oder sich versprechen läßt,

wird wegen Vergehens mit Gefängnis oder Haft bis zu drei Monaten oder mit Geldstrafe bis zu tausend Kronen bestraft. Neben der Freiheitsstrafe kann Geldstrafe bis zu fünftausend Kronen verhängt werden.

Der dem Täter zugewendete Vermögensvorteil ist einzuziehen.

§ 391. 1. Wer ein Scheingeschäft abschließt oder ein anderes Mittel anwendet, das geeignet ist, über einen für die Preisbildung wesentlichen Umstand zu täuschen, um auf den Börsenpreis eines Wertpapieres oder einer Ware einzuwirken;

2. wer durch eine Druckschrift, durch eine für den Börsenverkehr bestimmte Mitteilung oder an der Börse eine unwahre Angabe verbreitet, um andere zur Zeichnung, zum Ankauf oder Verkauf eines Wertpapieres oder einer börsenmäßig gehandelten Ware zu bestimmen,

wird mit Gefängnis von einer Woche bis zu einem Jahre bestraft. Neben der Freiheitsstrafe kann Geldstrafe bis zu zwanzigtausend Kronen verhängt werden.

§ 392. Der wegen Kurstreiberei Verurteilte ist von dem Börsenbesuch auf sechs Monate ausgeschlossen. Die Dauer des Ausschlusses kann von der Börsenleitung bis auf drei Jahre ausgedehnt werden.

Verleitung zur Auswanderung.

§ 393. 1. Wer ein Verbot der Regierung übertritt, Auswanderer für ein bestimmtes Land anzuwerben, oder wer öffentlich zur Auswanderung in dieses Land auffordert;

2. wer öffentlich wider besseres Wissen die wirtschaftlichen oder gesundheitlichen Verhältnisse eines fremden Landes in einer Weise anpreist, die geeignet ist, eine Auswanderungsbewegung nach diesem Land hervorzurufen oder zu fördern,

wird mit Gefängnis oder Haft von drei Tagen bis zu sechs Monaten bestraft. Neben der Freiheitsstrafe kann Geldstrafe bis zu zweitausend Kronen verhängt werden.

Mißbrauch der Arbeitskraft unmündiger und jugendlicher Personen.

§ 394. 1. Wer einen Unmündigen vor vollendetem zwölften Lebensjahre zu einer regelmäßigen gewerblichen Beschäftigung verwendet;

2. wer einen Unmündigen zu einer regelmäßigen gewerblichen Beschäftigung in einer fabriksmäßig betriebenen Unternehmung oder zu einer täglich acht Stunden übersteigenden anderen regelmäßigen gewerblichen Beschäftigung oder im Bergbau zu Arbeiten unter Tag oder ohne besondere Bewilligung der öffentlichen Behörde zu Arbeiten über Tag verwendet;

3. wer einen Minderjährigen vor vollendetem sechzehnten Lebensjahre zu einer regelmäßigen Beschäftigung in einem Gewerbe oder im Bergbau während der Nachtzeit, das ist von acht Uhr abends bis fünf Uhr morgens, verwendet, ohne daß diese Verwendung durch ausdrückliche Vorschrift zugelassen oder von der öffentlichen Behörde besonders bewilligt ist,

wird mit Gefängnis oder Haft bis zu drei Monaten oder mit Geldstrafe bis zu tausend Kronen bestraft.

§ 395. 1. Wer einen Minderjährigen vor vollendetem sechzehnten Lebensjahre zu einer Erwerbstätigkeit verwendet, von der er einzusehen vermag, daß sie eine schwere Gefahr für dessen Sittlichkeit, Gesundheit oder körperliche Sicherheit herbeiführen kann;

2. wer einen Minderjährigen vor vollendetem sechzehnten Lebensjahre zu einer Produktion, Schaustellung oder ähnlichen öffentlichen Vorführung verwendet oder einübt, von der er einzusehen vermag, daß sie eine Gefahr für dessen Sittlichkeit, Gesundheit oder körperliche Sicherheit herbeiführen kann;

3. wer einen Minderjährigen vor vollendetem sechzehnten Lebensjahre, der seiner Obhut untersteht, einem anderen zu einer Verwendung oder Einübung der in 2 bezeichneten Art überläßt,

wird mit Gefängnis oder Haft bis zu drei Monaten oder mit Geldstrafe bis zu tausend Kronen bestraft.

Mißbrauch weiblicher Arbeitskraft.

§ 396. 1. Wer eine Person weiblichen Geschlechtes zu einer Nachtarbeit (§ 394, Zahl 3) in einer fabriksmäßig betriebenen Unternehmung oder im Bergbau verwendet, ohne daß diese Verwendung durch ausdrückliche Vorschrift zugelassen ist;

2. wer eine Person weiblichen Geschlechtes vor Ablauf von vier Wochen nach ihrer Niederkunft zu einer regelmäßigen gewerblichen Beschäftigung verwendet,

wird mit Gefängnis oder Haft bis zu drei Monaten oder mit Geldstrafe bis zu tausend Kronen bestraft.

Arbeitsscheu.

§ 397. 1. Wer aus Arbeitsscheu beschäftigungslos umherzieht, obgleich er weder Mittel zu seinem Unterhalte besitzt noch sie redlich zu erwerben sucht;

2. wer aus Arbeitsscheu eine Arbeit zu leisten verweigert, die von der Gemeinde oder Sicherheitsbehörde des Aufenthaltsortes gegen Entlohnung oder Verpflegung ihm zugewiesen ist, weil er weder Mittel zu seinem Unterhalte besitzt noch einen erlaubten Erwerb nachweisen kann;

wird mit Gefängnis bis zu sechs Monaten bestraft.

3. Wenn der Täter wiederholt rückfällig ist, so ist auf Gefängnis von vier Wochen bis zu sechs Monaten zu erkennen.

Bettel.

§ 398. 1. Wer aus Arbeitsscheu oder Gewinnsucht an einem allgemein zugänglichen Ort, insbesondere auf einem öffentlichen Verkehrsweg oder in Häusern bettelt oder die öffentliche Armenpflege oder eine öffentliche oder private Wohltätigkeitsanstalt in Anspruch nimmt;

2. wer einen Unmündigen einem anderen zum Betteln überläßt oder wer aus Arbeitsscheu oder Gewinnsucht einen Unmündigen beim Betteln verwendet, zum Betteln ausschickt oder das von einem Unmündigen Erbettelte an sich bringt,

wird mit Gefängnis bis zu sechs Monaten bestraft.

3. Wenn der Täter wiederholt rückfällig ist, so ist auf Gefängnis von vier Wochen bis zu sechs Monaten zu erkennen.

Gewerbemäßiges Glücksspiel.

§ 399. 1. Wer gewerbemäßig Glücksspiel treibt, wird mit Gefängnis bis zu drei Monaten bestraft.

2. Wer einen Raum zum Betriebe von Glücksspielen gegen Entgelt überläßt, wird mit Haft bis zu drei Monaten oder mit Geldstrafe bis zu tausend Kronen bestraft. Wenn die Tat gewerbemäßig begangen wird, ist auf Gefängnis bis zu drei Monaten zu erkennen.

Neben der Freiheitsstrafe kann in beiden Fällen Geldstrafe bis zu zweitausend Kronen verhängt werden.

Die zum Glücksspiel bestimmten Sachen und der Einsatz sind für verfallen zu erklären.

Als Glücksspiele sind Spiele anzusehen, bei welchen Gewinn oder Verlust ausschließlich oder vorwiegend vom Zufall abhängt. Es bleibt der Verordnung überlassen, einzelne dieser Glücksspiele namentlich als solche zu bezeichnen.

XXXI. Hauptstück. Verletzung fremder Geheimnisse.

Verletzung des Briefgeheimnisses.

§ **400.** 1. Wer das Briefgeheimnis dadurch verletzt, daß er einen verschlossenen Brief oder ein anderes unter Verschluß gehaltenes Schriftstück öffnet, oder wer einen verschlossenen Brief oder ein anderes unter Verschluß gehaltenes Schriftstück unterdrückt, wird mit Gefängnis oder Haft bis zu drei Monaten oder mit Geldstrafe bis zu tausend Kronen bestraft.

2. Wenn die Tat von einer Person des öffentlichen Dienstes bei Ausübung ihres Amtes oder Dienstes begangen wird, ist auf Gefängnis oder Haft von drei Tagen bis zu sechs Monaten oder auf Geldstrafe von zwanzig bis zu zweitausend Kronen zu erkennen.

3. Wer aus einem von einem anderen herrührenden Brief oder unter Verschluß gehaltenen Schriftstück eine Mitteilung, die nach Form und Inhalt nur für denjenigen bestimmt ist, an den sie gerichtet war, veröffentlicht, um einem anderen einen rechtswidrigen Nachteil an Ehre oder Vermögen zuzufügen, wird mit Gefängnis oder Haft bis zu sechs Monaten oder mit Geldstrafe bis zu zweitausend Kronen bestraft.

Im Falle 1 und 3 wird der Täter nur auf Privatanklage verfolgt.

Verletzung des Telegraphengeheimnisses.

§ **401.** Wer an der Leitung des öffentlichen Telegraphen oder Telephons eine Vorkehrung anbringt, um eine Mitteilung zu erfahren, die nicht für ihn bestimmt ist, wird mit Gefängnis oder Haft bis zu drei Monaten oder mit Geldstrafe bis zu tausend Kronen bestraft.

Verbotene Mitteilung aus Steuererhebungen.

§ **402.** Wer in einer Druckschrift oder öffentlichen Versammlung den Inhalt eines Erwerbsteuerregisters oder Registerauszugs, eines Verzeichnisses der Personalsteuerpflichtigen oder eines Auszugs aus den Steuerzahlungsaufträgen zum Zweck eines gehässigen Angriffs gegen einen Steuerpflichtigen, eine Steuerkommission oder ein Mitglied einer solchen veröffentlicht, wird mit Haft bis zu drei Monaten oder mit Geldstrafe bis zu tausend Kronen bestraft.

Der Täter wird nur mit Ermächtigung des Finanzministers, des Steuerpflichtigen oder des Kommissionsmitgliedes verfolgt.

Verletzung des Berufsgeheimnisses.

§ **403.** 1. Wer nach den für seine Berufstätigkeit geltenden Vorschriften, insbesondere als Advokat, Notar, Verteidiger, Arzt, Apotheker oder Geburtshelferin zur Wahrung des Geheimnisses verpflichtet, ein in seiner Berufseigenschaft ihm anvertrautes oder bekannt gewordenes Geheimnis desjenigen, der seine Berufstätigkeit in Anspruch genommen hat, einem dritten mitteilt oder veröffentlicht;

2. wer eine Tatsache einem dritten mitteilt oder veröffentlicht, die ihm in der Eigenschaft eines Angestellten oder Dieners einer der

unter 1 bezeichneten Personen bekannt geworden ist und ein Geheimnis eines anderen bildet, der die Berufstätigkeit seines Dienstgebers in Anspruch genommen hat;

3. der Studierende der Medizin, der das Geheimnis eines Kranken einem dritten mitteilt oder veröffentlicht, das ihm bei seinem öffentlichen Studium bekannt geworden ist,

wird mit Gefängnis oder Haft bis zu sechs Monaten oder mit Geldstrafe bis zu zweitausend Kronen bestraft.

4. Handelt der Täter aus grobem Eigennutz oder um jemandem einen sehr schweren Nachteil zuzufügen, so ist auf Gefängnis von zwei Wochen bis zu zwei Jahren zu erkennen.

Der Täter ist nicht strafbar, wenn die Mitteilung oder Veröffentlichung nach Inhalt und Form durch ein öffentliches Interesse oder ein berechtigtes Privatinteresse gerechtfertigt ist.

Der Täter wird nur mit Ermächtigung des Verletzten verfolgt.

Verletzung eines Betriebsgeheimnisses oder Geschäftsgeheimnisses.

§ **404.** 1. Wer ein Geheimnis des Betriebes oder Geschäfts, in dem er bedienstet ist, ohne Einwilligung des Berechtigten jemandem mitteilt, veröffentlicht oder in seinem oder einem fremden Betrieb oder Geschäft verwertet, um sich oder einem dritten einen Vermögensvorteil zuzuwenden oder dem Berechtigten einen Vermögensnachteil zuzufügen;

2. wer ein Betriebsgeheimnis oder Geschäftsgeheimnis, dessen Kenntnis er durch einen mit Strafe bedrohten Verrat oder durch Ausspähung erlangt hat, in seinem oder einem fremden Betrieb oder Geschäft verwertet, um sich oder einem dritten einen Vermögensvorteil zuzuwenden,

wird mit Gefängnis oder Haft bis zu sechs Monaten oder mit Geldstrafe bis zu zweitausend Kronen bestraft. Neben der Freiheitsstrafe kann Geldstrafe bis zu zweitausend Kronen verhängt werden.

Der Täter wird nur auf Privatanklage verfolgt.

XXXII. Hauptstück. Sachbeschädigung, Vermögensschädigung und Vertrauensmißbrauch.

Sachbeschädigung.

§ **405.** 1. Wer böswillig oder mutwillig eine fremde Sache beschädigt, zerstört oder unbrauchbar macht, wird mit Gefängnis oder Haft bis zu sechs Monaten oder mit Geldstrafe bis zu zweitausend Kronen bestraft.

2. Wer die Tat an einer Sache begeht, die unmittelbar dem Gottesdienst gewidmet ist oder künstlerischen oder wissenschaftlichen Wert hat, ist mit Gefängnis oder Haft von einer Woche bis zu einem Jahre zu bestrafen.

3. Wenn der Täter wiederholt rückfällig ist oder wenn der mit der Tat verbundene Nachteil fünfhundert Kronen übersteigt, ist auf

Gefängnis oder Haft von vier Wochen bis zu drei Jahren zu erkennen.

Wer die Tat an einer Sache begeht, die nahezu keinen Wert hat, oder wer aus Mutwillen eine Sache geringfügig beschädigt, ist nicht strafbar.

§ 406. Wer eine ihm gehörende Sache von bedeutendem künstlerischen oder wissenschaftlichen Wert oder ein ihm gehörendes Naturobjekt beschädigt oder zerstört, das durch Gesetz oder Verordnung geschützt ist, wird wegen Vergehens mit Gefängnis oder Haft bis zu sechs Monaten oder mit Geldstrafe bis zu zweitausend Kronen bestraft.

Der Täter ist nicht strafbar, wenn er aus einem rechtfertigenden Grund handelt.

Beschädigung von Vermessungszeichen.

§ 407. Wer ein Zeichen beschädigt oder zerstört, das zur Landesvermessung oder zur militärischen Aufnahme einer Gegend dient oder von der öffentlichen Behörde zur Vermarkung eines Bergbaues oder zur Bezeichnung eines Wasserstandes angebracht ist, wird mit Gefängnis oder Haft bis zu drei Monaten oder mit Geldstrafe bis zu tausend Kronen bestraft.

Vermögensschädigung.

§ 408. 1. Wer eine fremde Sache einem anderen dauernd entzieht, um ihm einen rechtswidrigen Vermögensnachteil zuzufügen;

2. wer jemanden durch Erregung oder listige Benutzung eines Irrtums zu einer Handlung, Duldung oder Unterlassung veranlaßt, die für dessen oder eines anderen Vermögen nachteilig ist,

wird mit Gefängnis oder Haft bis zu sechs Monaten oder mit Geldstrafe bis zu zweitausend Kronen bestraft.

3. Wenn der Täter wiederholt rückfällig ist oder wenn der mit der Tat verbundene Nachteil fünfhundert Kronen übersteigt, ist auf Gefängnis oder Haft von zwei Wochen bis zu zwei Jahren zu erkennen.

Familienverhältnis.

§ 409. Wer eine Sachbeschädigung oder eine Vermögensschädigung im Familienverhältnisse begeht, wird mit Gefängnis oder Haft bis zu sechs Monaten oder mit Geldstrafe bis zu zweitausend Kronen bestraft.

Der Täter wird nur mit Ermächtigung des Verletzten verfolgt.

Die Bestimmungen sind nicht anzuwenden, wenn die Sache einen bedeutenden künstlerischen oder wissenschaftlichen Wert hat.

Vertrauensmißbrauch.

§ 410. 1. Wer bei einer ihm obliegenden Verwaltung von Vermögensangelegenheiten eines anderen pflichtwidrig zu dessen Nachteil handelt, um sich oder einem dritten einen unberechtigten Vermögensvorteil zuzuwenden;

2. der Kommissionär, der bei Ausführung eines ihm übertragenen Geschäfts pflichtwidrig zum Nachteil seines Auftraggebers handelt, um sich oder einem dritten einen unberechtigten Vermögensvorteil zuzuwenden;

3. der Rechtsbeistand, der in einer ihm anvertrauten Rechtssache zum Nachteil seiner Partei einem anderen Rat oder Beistand gewährt,

wird mit Gefängnis oder Haft von einer Woche bis zu einem Jahre bestraft.

4. Wer die Tat bei der Verwaltung von Vermögensangelegenheiten begeht, die ihm kraft Gesetzes obliegt oder von einer öffentlichen Behörde aufgetragen ist;

5. wer eine Fälschung, falsche Eintragung oder sonst einen besonderen Kunstgriff anwendet, um die Tat durch längere Zeit fortsetzen zu können,

ist mit Kerker von einem bis zu drei Jahren oder mit Gefängnis von vier Wochen bis zu drei Jahren zu bestrafen, wenn der mit der Tat verbundene Nachteil fünfhundert Kronen übersteigt.

XXXIII. Hauptstück. Hehlerei, Begünstigung und Erwerb verdächtiger Sachen.

Hehlerei.

§ **411.** 1. Wer eine fremde Sache, die jemand durch eine mit Strafe bedrohte Tat erlangt hat, ihren Erlös oder eine für sie eingetauschte oder angeschaffte Sache zum Nachteil eines Berechtigten an sich bringt, als Pfand nimmt, veräußert oder verbirgt;

2. wer einem anderen, der eine fremde Sache durch eine mit Strafe bedrohte Tat erlangt hat, dazu Hilfe leistet, die Sache zu verpfänden, zu veräußern oder zu verbergen,

wird mit Gefängnis bis zu sechs Monaten bestraft. Neben der Freiheitsstrafe kann Geldstrafe bis zu zweitausend Kronen verhängt werden.

§ **412.** 1. Wer eine Sache verhehlt, die ein Jugendlicher durch eine mit Strafe bedrohte Tat erlangt hat, oder wer einem Jugendlichen Hilfe leistet, eine auf solche Weise erlangte Sache zu verpfänden, zu veräußern oder zu verbergen, ist mit Gefängnis von zwei Wochen bis zu zwei Jahren zu bestrafen, wenn der Wert der Sache fünfundzwanzig Kronen übersteigt.

2. Auf Gefängnis von vier Wochen bis zu drei Jahren ist zu erkennen, wenn der Täter wiederholt rückfällig ist oder wenn der Wert der Sache hundert Kronen übersteigt.

3. Auf Kerker von einem bis zu fünf Jahren oder auf Gefängnis von drei Monaten bis zu fünf Jahren ist zu erkennen, wenn der Täter gewerbemäßig fremdes Vermögen angreift oder wenn der Wert der Sache fünfhundert Kronen übersteigt.

Neben der Freiheitsstrafe kann in allen Fällen Geldstrafe bis zu zehntausend Kronen verhängt werden.

Begünstigung.

§ 413. Wer eine der im § 411 bedrohten Handlungen lediglich in der Absicht begeht, den aus der Tat erlangten Vorteil demjenigen zu sichern, der die Tat begangen hat, wird mit Gefängnis oder Haft bis zu sechs Monaten bestraft.

Gemeinsame Bestimmung über Straflosigkeit.

§ 414. Wer die Tat in bezug auf eine Sache begeht, die durch Entfremdung erlangt ist, oder wer Nahrungsmittel verzehrt, die eine zu seinem Unterhalt verpflichtete Person, mit der er in gemeinsamem Haushalt lebt, durch eine mit Strafe bedrohte Tat erlangt hat, ist wegen Hehlerei und Begünstigung nicht strafbar.

Erwerb verdächtiger Sachen.

§ 415. 1. Wer eine fremde Sache an sich bringt, als Pfand nimmt oder zu ihrer Veräußerung oder Verpfändung mitwirkt, obwohl er nach den Umständen Verdacht hätte schöpfen sollen, daß die Sache durch eine mit Strafe bedrohte Tat erlangt ist, wird mit Gefängnis oder Haft bis zu drei Monaten oder mit Geldstrafe bis zu tausend Kronen bestraft.

2. Auf Gefängnis bis zu sechs Monaten ist zu erkennen, wenn der Täter wiederholt rückfällig ist.

XXXIV. Hauptstück. Gemeingefährliche strafbare Handlungen.

Brandstiftung.

§ 416. 1. Wer eine Feuersbrunst an einer fremden Sache verursacht;

2. wer eine Gefahr für das Leben auderer oder für fremdes Eigentum in großer Ausdehnung dadurch herbeiführt, daß er seine Sache oder die Sache eines Dritten mit dessen Einverständnis in Brand setzt,

wird mit Kerker oder Gefängnis von einem bis zu zehn Jahren bestraft.

Fahrlässige Gefährdung durch Feuer.

§ 417. 1. Wer fahrlässig eine Feuersbrunst an einer fremden Sache verursacht;

2. wer fahrlässig eine Gefahr für das Leben anderer oder für fremdes Eigentum in großer Ausdehnung dadurch herbeiführt, daß er seine Sache oder die Sache eines Dritten mit dessen Einverständnis in Brand setzt,

wird mit Gefängnis oder Haft von einer Woche bis zu einem Jahr oder mit Geldstrafe von fünfzig bis zu viertausend Kronen bestraft.

Gefährdung durch Sprengstoffe.

§ 418. Wer eine Gefahr für das Leben anderer oder für fremdes Eigentum in großer Ausdehnung dadurch herbeiführt, daß er die

Entzündung eines Sprengstoffes bewirkt, wird mit Kerker oder Gefängnis von einem bis zu zehn Jahren bestraft.

§ **419.** 1. Wer fahrlässig bei dem Herstellen, Verwahren, Inverkehrsetzen, Versenden oder Verwenden eines Sprengstoffes eine Gefahr für das Leben anderer oder für fremdes Eigentum in großer Ausdehnung herbeiführt, wird mit Gefängnis oder Haft von einer Woche bis zu einem Jahr oder mit Geldstrafe von fünfzig bis zu viertausend Kronen bestraft.

2. Wer fahrlässig bewirkt, daß ein Sprengstoff in die Hände eines Unbefugten gelangt, wird mit Gefängnis oder Haft von drei Tagen bis zu sechs Monaten oder mit Geldstrafe von zwanzig bis zu zweitausend Kronen bestraft.

Vorbereitung eines Sprengstoffverbrechens.

§ **420.** Wer mit einem anderen verabredet, durch Entzünden eines Sprengstoffes eine Gefahr für das Leben anderer oder für fremdes Eigentum in großer Ausdehnung herbeizuführen, oder wer zum Zwecke der Ausführung einer solchen Tat einen Sprengstoff oder Bestandteile eines solchen anfertigt oder erwirbt, wird mit Kerker von einem bis zu fünf Jahren oder mit Gefängnis von drei Monaten bis zu fünf Jahren bestraft.

Gefährdung durch Überschwemmung.

§ **421.** Wer eine Gefahr für das Leben anderer oder für fremdes Eigentum in großer Ausdehnung dadurch herbeiführt, daß er eine Überschwemmung verursacht, wird mit Kerker oder Gefängnis von einem bis zu zehn Jahren bestraft.

§ **422.** Wer fahrlässig eine Gefahr für das Leben anderer oder für fremdes Eigentum in großer Ausdehnung dadurch herbeiführt, daß er eine Überschwemmung verursacht, wird mit Gefängnis oder Haft von einer Woche bis zu einem Jahr oder mit Geldstrafe von fünfzig bis zu viertausend Kronen bestraft.

Gefährdung durch Betriebsstörung.

§ **423.** Wer eine Gefahr für das Leben anderer oder für fremdes Eigentum in großer Ausdehnung dadurch herbeiführt, daß er den mit elementarer oder mechanischer Kraft geführten Betrieb einer Eisenbahn, eines Schiffes, einer Werkanlage oder Maschine oder den Betrieb eines Bergwerkes oder einer zu diesem Betriebe gehörigen Anlage stört, wird mit Kerker oder Gefängnis von einem bis zu zehn Jahren bestraft.

§ **424.** Wer fahrlässig eine Gefahr für das Leben anderer oder für fremdes Eigentum in großer Ausdehnung dadurch herbeiführt, daß er den mit elementarer oder mechanischer Kraft geführten Betrieb einer Eisenbahn, eines Schiffes, einer Werkanlage oder Maschine oder den Betrieb eines Bergwerkes oder einer zu diesem Betriebe gehörigen Anlage stört, wird mit Gefängnis oder Haft von einer

Woche bis zu einem Jahr oder mit Geldstrafe von fünfzig bis zu viertausend Kronen bestraft.

Gemeingefährdung.

§ **425.** Wer unter anderen besonders gefährlichen Umstäuden eine Gefahr für das Leben anderer herbeiführt, wird mit Kerker oder Gefängnis von einem bis zu zehn Jahren bestraft.

§ **426.** Wer fahrlässig unter anderen besonders gefährlichen Umständen eine Gefahr für das Leben anderer herbeiführt, wird mit Gefängnis oder Haft von einer Woche bis zu einem Jahr oder mit Geldstrafe von fünfzig bis zu viertausend Kronen bestraft.

Gemeinsame Bestimmung über erhöhte Strafen.

§ **427.** 1. Wenn eine der im § 416, 418, 421, 423 und 425 bedrohten Taten eine schwere Verletzung am Körper oder schweren Schaden an der Gesundheit eines anderen zur Folge hatte, ist auf Kerker von zwei bis zu fünfzehn Jahren zu erkennen.

2. Wenn eine dieser Taten begangen wurde, um die dadurch geschaffene Gelegenheit zur Verübung von Mord, Diebstahl oder Raub zu benützen, wenn durch die Tat viele Menschen in Not versetzt wurden, wenn sie den Tod eines anderen zur Folge hatte oder wenn der Täter rückfällig ist, so ist auf Kerker von fünf bis zu zwanzig Jahren oder auf lebenslangen Kerker zu erkennen.

§ **428.** 1. Wenn eine der im § 417, 419, Z. 1, 422, 424 und 426 bedrohten Taten eine schwere Verletzung am Körper oder schweren Schaden an der Gesundheit eines anderen zur Folge hatte, ist auf Gefängnis oder Haft von zwei Wochen bis zu zwei Jahren zu erkennen.

2. Wenn eine dieser Taten den Tod eines anderen zur Folge hatte, ist auf Gefängnis oder Haft von vier Wochen bis zu drei Jahren zu erkennen.

Neben der Freiheitsstrafe kann in beiden Fällen Geldstrafe bis zu fünftausend Kronen verhängt werden.

Unterlassung vorgeschriebener Schutzvorkehrungen.

§ **429.** Wer eine Einrichtung anzubringen unterläßt, die für den mit elementarer oder mechanischer Kraft geführten Betrieb einer Eisenbahn, eines Schiffes, einer Werkanlage oder Maschine oder für den Betrieb eines Bergwerkes oder einer zu diesem Betriebe gehörigen Anlage zum Schutze der körperlichen Sicherheit oder der Gesundheit vorgeschrieben ist, wird mit Haft bis zu sechs Wochen oder mit Geldstrafe bis zu fünfhundert Kronen bestraft.

Bestellung von untauglichen Personen.

§ **430.** Wer in einem mit elementarer oder mechanischer Kraft geführten Betrieb einer Eisenbahn, eines Schiffes, einer Werkanlage oder Maschine oder in dem Betrieb eines Bergwerkes oder einer zu diesem Betriebe gehörigen Anlage zu einem Dienst oder zu einer Tätigkeit eine Person bestellt oder in einem Dienst oder in einer Tätigkeit eine Person beläßt, welche die durch besondere Vorschriften zum Schutze der körperlichen Sicherheit anderer geforderte Eignung nicht besitzt, wird mit Gefängnis oder Haft bis zu drei Monaten oder mit Geldstrafe bis zu tausend Kronen bestraft.

Gefährdung eines öffentlichen Betriebes.

§ 431. 1. Wer den Betrieb einer dem allgemeinen Verkehre dienenden Eisenbahn oder Schiffahrt, einer öffentlichen Wasserleitung, Beleuchtungsanlage, Feuersignalleitung, der öffentlichen Post, des öffentlichen Telegraphen oder Telephons gefährdet oder stört, wird mit Gefängnis von einer Woche bis zu einem Jahre bestraft.

2. Auf Kerker von einem bis zu fünf Jahren oder auf Gefängnis von drei Monaten bis zu fünf Jahren ist zu erkennen, wenn die Tat eine schwere Notlage für viele Menschen zur Folge hatte.

§ 432. Wer fahrlässig den Betrieb einer dem allgemeinen Verkehre dienenden Eisenbahn oder Schiffahrt, einer öffentlichen Wasserleitung, Beleuchtungsanlage, Feuersignalleitung, der öffentlichen Post, des öffentlichen Telegraphen oder Telephons gefährdet oder stört, wird mit Gefängnis oder Haft bis zu drei Monaten oder mit Geldstrafe bis zu tausend Kronen bestraft.

Störung der Hilfe bei gemeiner Gefahr.

§ 433. Wer die zur Behebung einer bestehenden oder unmittelbar drohenden gemeinen Gefahr notwendige Hilfe vereitelt oder erschwert, wird mit Gefängnis von drei Monaten bis zu drei Jahren bestraft.

Verletzung einer Lieferungspflicht bei einem gemeinen Notstande.

§ 434. 1. Wer seine Pflicht verletzt, Lebensmittel oder andere Sachen zu liefern oder zu befördern, die bestimmt sind, einen gemeinen Notstand abzuwenden oder zu beseitigen;

2. der Unterlieferant, Vermittler oder Bedienstete bei einer solchen Lieferung oder Beförderung, der durch Verletzen seiner Pflichten die Leistung gefährdet oder vereitelt,

wird mit Gefängnis oder Haft von vier Wochen bis zu drei Jahren bestraft, wenn durch die Tat die Abwendung oder Beseitigung des Notstandes gefährdet wurde. Neben der Freiheitsstrafe kann Geldstrafe bis zu zehntausend Kronen verhängt werden.

Gefährdung der Gesundheit durch Lebensmittel oder Gebrauchsgegenstände.

§ 435. 1. Wer ein Lebensmittel oder einen Gebrauchsgegenstand, der in den Handel und Verkehr gebracht werden soll, derart herstellt, behandelt oder verwahrt, daß sein Genuß oder bestimmungsgemäßer Gebrauch die Gesundheit zu schädigen geeignet ist;

2. wer ein Lebensmittel in einem Zustande, der die Gesundheit zu schädigen geeignet ist, als Lebensmittel feilhält, verkauft oder in Verkehr setzt;

3. wer eine Sache, die nach ihrer Beschaffenheit kein Lebensmittel ist und deren Genuß die Gesundheit zu schädigen geeignet ist, als Lebensmittel feilhält, verkauft oder in Verkehr setzt;

4. wer einen Gebrauchsgegenstand für einen solchen Gebrauch feilhält, verkauft oder in Verkehr setzt, der die Gesundheit zu schädigen geeignet ist;

5. wer einen Gebrauchsgegenstand zum Herstellen, Messen, Zubereiten oder Aufbewahren von Lebensmitteln, die für den Handel und Verkehr bestimmt sind, in einem Zustand oder auf eine Art verwendet, welche die Gesundheit zu schädigen geeignet sind,

wird mit Gefängnis oder Haft von drei Tagen bis zu sechs Monaten bestraft. Neben der Freiheitsstrafe kann Geldstrafe bis zu zweitausend Kronen verhängt werden.

6. Wenn die Tat in großer Ausdehnung begangen wurde oder wenn der Täter wiederholt rückfällig ist, so ist auf Gefängnis von zwei Wochen bis zu zwei Jahren zu erkennen. Neben der Freiheitsstrafe kann Geldstrafe bis zu fünftausend Kronen verhängt werden.

§ **436.** 1. Wer fahrlässig ein Lebensmittel oder einen Gebrauchsgegenstand, der in den Handel und Verkehr gebracht werden soll, derart herstellt, behandelt oder verwahrt, daß sein Genuß oder bestimmungsgemäßer Gebrauch die Gesundheit zu schädigen geeignet ist;

2. wer fahrlässig ein Lebensmittel in einem Zustande, der die Gesundheit zu schädigen geeignet ist, als Lebensmittel feilhält, verkauft oder in Verkehr setzt;

3. wer fahrlässig eine Sache, die nach ihrer Beschaffenheit kein Lebensmittel ist und deren Genuß die Gesundheit zu schädigen geeignet ist, als Lebensmittel feilhält, verkauft oder in Verkehr setzt;

4. wer fahrlässig einen Gebrauchsgegenstand für einen solchen Gebrauch feilhält, verkauft oder in Verkehr setzt, der die Gesundheit zu schädigen geeignet ist;

5. wer fahrlässig einen Gebrauchsgegenstand zum Herstellen, Messen, Zubereiten oder Aufbewahren von Lebensmitteln, die für den Handel und Verkehr bestimmt sind, in einem Zustand oder auf eine Art verwendet, die geeignet sind, die Gesundheit zu schädigen,

wird mit Gefängnis oder Haft bis zu drei Monaten oder mit Geldstrafe bis zu tausend Kronen bestraft. Neben der Freiheitsstrafe kann Geldstrafe bis zu tausend Kronen verhängt werden.

6. Wenn die Tat in großer Ausdehnung begangen wurde oder wenn der Täter wiederholt rückfällig ist, so ist auf Gefängnis bis zu sechs Monaten zu erkennen. Neben der Freiheitsstrafe kann Geldstrafe bis zu zweitausend Kronen verhängt werden.

§ **437.** 1. Wer das anderen zum Genuß oder zur Zubereitung von Lebensmitteln dienende Wasser eines Brunnens, eines Wasserlaufes, einer Zisterne oder einer Wasserleitung in einer Art verunreinigt, die geeignet ist, die Gesundheit zu schädigen, wird mit Gefängnis oder Haft bis zu sechs Monaten bestraft.

2. Wenn die Tat mit großer Gefahr für die Gesundheit anderer verbunden war oder wenn der Täter wiederholt rückfällig ist, so ist auf Gefängnis von zwei Wochen bis zu zwei Jahren zu erkennen.

§ **438.** 1. Wer fahrlässig das anderen zum Genuß oder zur Zubereitung von Lebensmitteln dienende Wasser eines Brunnens, eines Wasserlaufes, einer Zisterne oder einer Wasserleitung in einer Art verunreinigt, die geeignet ist, die Gesundheit zu schädigen, wird mit Gefängnis oder Haft bis zu drei Monaten oder mit Geldstrafe bis zu tausend Kronen bestraft.

2. Wenn die Tat mit großer Gefahr für die Gesundheit anderer verbunden war oder wenn der Täter wiederholt rückfällig ist, so ist auf Gefängnis bis zu sechs Monaten zu erkennen.

Verbreitung von Krankheiten unter Menschen.

§ **439.** 1. Wer fahrlässig die Gefahr der Verbreitung einer übertragbaren Krankheit herbeiführt, wird mit Gefängnis oder Haft bis zu sechs Monaten oder mit Geldstrafe bis zu zweitausend Kronen bestraft.

2. Wer die Tat fahrlässig unter besonders gefährlichen Umständen begeht, ist mit Gefängnis oder Haft von einer Woche bis zu einem Jahr oder mit Geldstrafe von fünfzig bis viertausend Kronen zu bestrafen.

Verbreitung eines Pflanzenschädlings oder einer Tierseuche.

§ **440.** 1. Wer bewirkt, daß ein der Landwirtschaft oder Forstwirtschaft gefährlicher Schädling Eingang findet oder sich verbreitet;

2. wer eine Seuche unter Tieren verbreitet, die dem Jagdrecht oder Fischereirecht vorbehalten sind,

wird mit Gefängnis von vier Wochen bis zu drei Jahren bestraft.

3. Wenn die Tat mit großer Gefahr für die Landwirtschaft, Forstwirtschaft, Jagd oder Fischerei verbunden war, ist auf Kerker von einem bis zu fünf Jahren oder auf Gefängnis von drei Monaten bis zu fünf Jahren zu erkennen.

§ **441.** 1. Wer fahrlässig bewirkt, daß ein der Landwirtschaft oder Forstwirtschaft gefährlicher Schädling Eingang findet oder sich verbreitet;

2. wer fahrlässig eine Seuche unter Tieren verbreitet, die dem Jagdrecht oder Fischereirechte vorbehalten sind,

wird mit Gefängnis oder Haft bis zu sechs Monaten oder mit Geldstrafe bis zu zweitausend Kronen bestraft.

3. Wenn die Tat mit großer Gefahr für die Landwirtschaft, Forstwirtschaft, Jagd oder Fischerei verbunden war, ist auf Gefängnis oder Haft von einer Woche bis zu einem Jahre zu erkennen.

XXXV. Hauptstück. Strafbare Handlungen in bezug auf die Seeschiffahrt.

Seeraub.

§ 442. 1. Wer Gewalt anwendet oder mit unverzüglicher Anwendung von Gewalt droht, um sich auf offener See eines Schiffes, seiner Ladung oder einer auf dem Schiffe befindlichen Person zu bemächtigen, wird mit Kerker von fünf bis zu zwanzig Jahren bestraft.

2. Wer ein Seeschiff ausrüstet oder führt oder auf einem Seeschiffe Dienst leistet, das zur Ausführung von Seeraub bestimmt ist, wird mit Kerker von einem bis zu fünf Jahren oder mit Gefängnis von sechs Monaten bis zu fünf Jahren bestraft.

Herbeiführung eines Seeschadens.

§ 443. 1. Wer das Sinken eines Seeschiffes bewirkt, wird mit Kerker von fünf bis zu zwanzig Jahren oder mit lebenslangem Kerker bestraft.

2. Wer ein Seeschiff in seeuntüchtigen Zustand versetzt oder in seeuntüchtigem Zustande zur Fahrt verwendet, wird mit Kerker von zwei bis zu fünfzehn Jahren bestraft.

3. Wenn die unter 2 bezeichnete Tat den Tod eines anderen zur Folge hatte oder wenn durch die Tat viele Menschen in Not versetzt wurden, ist auf Kerker von fünf bis zu zwanzig Jahren oder auf lebenslangen Kerker zu erkennen.

§ 444. Wer fahrlässig das Sinken eines Seeschiffes bewirkt, ein Seeschiff in seeuntüchtigen Zustand versetzt oder in seeuntüchtigem Zustande zur Fahrt verwendet, wird mit Gefängnis oder Haft von vier Wochen bis zu drei Jahren bestraft.

Vernachlässigung der Verproviantierung eines Seeschiffes.

§ 445. 1. Wer fahrlässig eine Gefahr für die Gesundheit der auf einem Seeschiffe befindlichen Personen dadurch herbeiführt, daß er die ihm obliegende Pflicht verletzt, für die Verproviantierung des Schiffes zu sorgen, wird mit Gefängnis oder Haft von einer Woche bis zu einem Jahre bestraft.

2. Wenn die Tat schweren Schaden an der Gesundheit einer größeren Zahl von Personen zur Folge hatte, ist auf Gefängnis oder Haft von vier Wochen bis zu drei Jahren zu erkennen.

Gefährdung der Seeschiffahrt.

§ 446. Wer die Seeschiffahrt dadurch gefährdet, daß er ein zu ihrer Sicherheit angebrachtes Zeichen zerstört, beseitigt oder unwirksam macht, zur Irreführung ein falsches Zeichen anbringt oder ein Zeichen anzubringen unterläßt, wird mit Kerker oder Gefängnis von einem bis zu zehn Jahren bestraft.

§ 447. Wer fahrlässig die Seeschiffahrt dadurch gefährdet, daß er ein zu ihrer Sicherheit angebrachtes Zeichen zerstört, beseitigt oder unwirksam macht, ein falsches Zeichen anbringt oder ein Zeichen anzubringen unterläßt, wird mit Gefängnis oder Haft von einer Woche bis zu einem Jahre bestraft.

§ **448.** Der Schiffer oder Schiffsmann, der fahrlässig durch Nichtbeachten einer zur Sicherheit des Schiffsverkehrs erlassenen Vorschrift eine Gefahr für ein Seeschiff, dessen Ladung oder auf dem Schiffe befindliche Menschen herbeiführt, wird mit Gefängnis oder Haft von zwei Wochen bis zu zwei Jahren bestraft.

Pflichtverletzung bei Seenot.

§ **449.** Der Schiffer oder Schiffsmann, der es unterläßt, einem in Seenot befindlichen Schiffe, den darauf befindlichen Menschen oder Schiffbrüchigen die zur Rettung notwendige Hilfe zu leisten, obgleich er dies ohne ernstliche Gefahr für sich, andere oder das eigene Schiff tun konnte, wird mit Gefängnis von zwei Wochen bis zu zwei Jahren bestraft.

Meuterei auf einem Seeschiffe.

§ **450.** Der Schiffsmann, der auf einem Seeschiff einen Vorgesetzten nötigt, eine dienstliche Verrichtung vorzunehmen oder zu unterlassen, unterliegt den Bestimmungen der §§ 154 bis 157.

Der Schiffsmann, der die im § 154 oder die im § 156 bezeichnete Tat außerhalb eines inländischen Hafens begeht, wird mit Kerker von einem bis zu fünf Jahren oder mit Gefängnis von drei Monaten bis zu fünf Jahren bestraft.

§ **451.** 1. Der Schiffsmann, der auf einem Seeschiffe gemeinsam mit einem oder mehreren anderen einem Vorgesetzten den Gehorsam verweigert, wird mit Gefängnis von zwei Wochen bis zu zwei Jahren bestraft.

2. Der Schiffsmann, der auf einem Seeschiff einem Befehle den Gehorsam verweigert, den ein Vorgesetzter zum Zwecke der Rettung des Lebens anderer oder des Schiffes erlassen hat, wird mit Gefängnis von zwei Wochen bis zu zwei Jahren bestraft.

3. Der Anstifter und der Anführer werden mit Kerker von einem bis zu drei Jahren oder mit Gefängnis von vier Wochen bis zu drei Jahren bestraft.

§ **452.** Der Schiffsmann oder Mitfahrende eines Seeschiffes, der auf offener See gegen die mit dem Schiffsdienste betrauten Personen Gewalt anwendet oder sie mit unverzüglicher Anwendung von Gewalt bedroht, um sich des Schiffes, seiner Ladung oder einer auf dem Schiffe befindlichen Person zu bemächtigen, wird mit Kerker von zwei bis zu fünfzehn Jahren bestraft.

Entweichung aus dem Seedienste.

§ **453.** Wer aus seinem Dienst als Schiffer oder Schiffsmann eines Seeschiffes entweicht, wird mit Gefängnis von einer Woche bis zu einem Jahre bestraft, wenn durch die Tat eine Gefahr für das

Schiff, dessen Ladung oder auf dem Schiffe befindliche Menschen herbeigeführt wurde.

Mißbrauch der Gewalt durch den Vorgesetzten.

§ 454. Der Schiffsvorgesetzte, der im Seedienste die ihm zustehende Gewalt zum Nachteil einer auf dem Schiffe befindlichen Person gröblich mißbraucht, wird mit Gefängnis oder Haft von einer Woche bis zu einem Jahr oder mit Geldstrafe von fünfzig bis zu viertausend Kronen bestraft.

Pflichtverletzung in bezug auf Schiffsurkunden.

§ 455. Der Schiffer oder Schiffsmann, der

1. bei Ausübung seines Dienstes in einer vorgeschriebenen Schiffsurkunde eine unwahre Tatsache beurkundet, eine falsche Urkunde dieser Art anfertigt oder eine echte verfälscht;

2. eine vorgeschriebene Schiffsurkunde, die ihm vermöge seines Dienstes anvertraut oder zugänglich ist, vernichtet, beseitigt oder derart beschädigt, daß dadurch ihr Beweiswert verringert wird,

wird mit Gefängnis von zwei Wochen bis zu zwei Jahren bestraft.

XXXVI. Hauptstück. Ordnungsübertretungen.

Betreten militärischer Objekte.

§ 456. 1. Wer gegen ein Verbot der öffentlichen Behörde eine Befestigung, den Bau einer Befestigung, ein Arsenal, eine militärische Fabrik oder ein Kriegsfahrzeug betritt;

2. wer sich den Eintritt in einen solchen Raum dadurch verschafft, daß er ein Überwachungsorgan über seine persönlichen Verhältnisse irreführt,

wird mit Haft bis zu sechs Wochen oder mit Geldstrafe bis zu fünfhundert Kronen bestraft.

Beschädigung einer öffentlichen Kundmachung.

§ 457. Wer eine öffentlich angebrachte Kundmachung einer öffentlichen Behörde beschädigt oder beseitigt, um die Verlautbarung zu hindern, wird mit Haft bis zu sechs Wochen oder mit Geldstrafe bis zu fünfhundert Kronen bestraft.

Unwahre Angaben über persönliche Verhältnisse.

§ 458. Wer der öffentlichen Behörde bei der Anmeldung oder Abmeldung eines Mieters, Reisenden, Bediensteten oder seiner eigenen Person eine unwahre Angabe macht, wird mit Haft bis zu vier Wochen oder mit Geldstrafe bis zu dreihundert Kronen bestraft.

§ 459. Wer einer Person des öffentlichen Dienstes, die sich in Ausübung ihres Amtes oder Dienstes befindet, über Namen, Geburtsort, Heimatsort, Alter, Familienstand oder Beruf seiner Person oder eines anderen eine unwahre Angabe macht, wird mit Haft bis zu vier Wochen oder mit Geldstrafe bis zu dreihundert Kronen bestraft.

Wer die unwahre Angabe macht, um sich der Verfolgung wegen einer von dem Gericht oder von der Verwaltungsbehörde zu bestrafenden Tat zu entziehen, ist nicht strafbar.

Unbefugtes Tragen der Uniform.

§ 460. Wer sich den Anschein einer Person des öffentlichen Dienstes gibt, wer insbesondere zu diesem Zweck ein Amtskleid, eine Uniform oder ein Dienstesabzeichen trägt, wird mit Haft bis zu vier Wochen oder mit Geldstrafe bis zu dreihundert Kronen bestraft.

Ungehorsam bei Ruhestörungen.

§ 461. Wer bei einer Ruhestörung dem Auftrage der öffentlichen Behörde, sein Haus oder seinen Geschäftsraum zu schließen oder nicht zu verlassen oder seine Hausgenossen zu Hause zurückzuhalten, ohne erhebliche Ursache nicht nachkommt, wird mit Haft bis zu zwei Wochen oder mit Geldstrafe bis zu zweihundert Kronen bestraft.

Verhöhnung der Rechtspflege.

§ 462. Wer für jemanden eine öffentliche Huldigung oder Feierlichkeit aus Anlaß seiner Verurteilung wegen Verbrechens veranstaltet, wird mit Haft bis zu vier Wochen oder mit Geldstrafe bis bis zu dreihundert Kronen bestraft.

Mißbrauch eines Notsignales.

§ 463. Wer durch Mißbrauch eines Notsignales, durch einen unbegründeten Hilferuf oder auf ähnliche Art eine größere Zahl von Menschen beunruhigt oder wer grundlos das Aufgebot der Wache oder Feuerwehr herbeiführt, wird mit Haft bis zu vier Wochen oder mit Geldstrafe bis zu dreihundert Kronen bestraft.

Übertretungen gegen die Gesundheitspflege.

§ 464. 1. Wer gewerbemäßig als Arzt oder als Geburtshelferin tätig ist, ohne die im Inlande vorgeschriebene oder im Ausland eine gleichwertige Ausbildung erhalten zu haben, oder wer sich zu solcher Tätigkeit ohne diese Ausbildung öffentlich anbietet;

2. wer ein Geheimmittel oder ein durch amtliche Kundmachung verbotenes Heilmittel einem anderen zu einem Heilzwecke verabreicht, es feilhält, in Verkehr setzt oder in einer Druckschrift ankündigt;

3. wer unbefugt einen anderen narkotisiert, hypnotisiert oder sonst an einem anderen ein Mittel oder Verfahren anwendet, welches das Bewußtsein oder den Willen aufhebt oder schwächt;

4. wer zum Zweck eines wissenschaftlichen Versuches an einem Menschen ein Mittel oder Verfahren anwendet, durch welches dieser

der Gefahr einer Verletzung am Körper oder eines Schadens an der Gesundheit ausgesetzt werden kann,

wird mit Haft bis zu vier Wochen oder mit Geldstrafe bis zu dreihundert Kronen bestraft.

5. Ebenso werden der Arzt und die Geburtshelferin bestraft, die in ihrem Beruf eine dringend notwendige ärztliche Hilfe oder Geburtshilfe ohne genügenden Grund verweigern oder verzögern, obgleich sie nach den Umständen annehmen können, daß dadurch der Kranke gefährdet werden kann.

Irreführende Anpreisung eines Heilmittels oder einer Heilmethode.

§ **465.** Wer in einer Druckschrift ein Heilmittel, Heilverfahren oder eine ärztliche Behandlung durch eine unwahre Angabe über ihre Wirksamkeit anpreist, wird mit Haft bis zu vier Wochen oder mit Geldstrafe bis zu dreihundert Kronen bestraft. Neben der Freiheitsstrafe kann Geldstrafe bis zu fünfhundert Kronen verhängt werden.

Unterlassen der Anzeige verdächtiger Todesfälle und Krankheiten durch Sanitätspersonen.

§ **466.** 1. Der Arzt oder die Geburtshelferin, die es unterlassen, die Anzeige an die öffentliche Behörde zu erstatten, wenn eine Geburt, eine schwere Verletzung oder Krankheit den Verdacht begründen, daß sie durch eine mit Strafe bedrohte Tat herbeigeführt wurden;

2. der Totenbeschauer, der es unterläßt, die Anzeige an die öffentliche Behörde zu erstatten, wenn die ihm bei der Beschau bekannt gewordenen Umstände den Verdacht begründen, daß der Tod durch eine mit Strafe bedrohte Tat herbeigeführt wurde,

wird mit Haft bis zu zwei Wochen oder mit Geldstrafe bis zu zweihundert Kronen bestraft.

Pflichtverletzung bei der Totenbeschau.

§ **467.** 1. Wer aus Anlaß einer Totenbeschau die Zeit des Todes falsch angibt;

2. der Totenbeschauer, der seine Pflicht verletzt, sich von dem eingetretenen Tode zu überzeugen,

wird mit Haft bis zu vier Wochen oder mit Geldstrafe bis zu dreihundert Kronen bestraft.

Unterlassen der Anzeige von der Aufnahme eines Kindes.

§ **468.** Wer es unterläßt, die Anzeige an die öffentliche Behörde in angemessener Zeit zu erstatten, daß er ein Kind unter sieben Jahren, dessen Eltern oder gesetzliche Vertreter ihm unbekannt sind, in Pflege genommen hat, wird mit Haft bis zu zwei Wochen oder mit Geldstrafe bis zu zweihundert Kronen bestraft.

Verabreichung geistiger Getränke an Unmündige und Trunkene.

§ 469. 1. Wer beim Ausschank oder Kleinverschleiße geistiger Getränke oder beim Handel mit solchen Getränken einem Unmündigen, der sich nicht unter der Aufsicht einer anderen Person befindet, oder einem offenbar Trunkenen ein geistiges Getränk verabreicht oder dessen Verabreichung zuläßt, wird mit Gefängnis oder Haft bis zu sechs Wochen oder mit Geldstrafe bis zu fünfhundert Kronen bestraft.

2. Wer einem Unmündigen geistige Getränke von solcher Art oder in solcher Menge oder so häufig verabreicht, daß dadurch die Gesundheit oder die körperliche Entwicklung des Unmündigen gefährdet werden kann, oder wer die Verabreichung zuläßt, wird mit Gefängnis oder Haft bis zu drei Monaten oder mit Geldstrafe bis zu tausend Kronen bestraft.

Gefährdung durch Trunkenheit.

§ 470. Wer im Zustande der Trunkenheit eine Verrichtung vornimmt, die, ohne besondere Umsicht oder Vorsorge vorgenommen, geeignet ist, eine Gefahr für das Leben, den Körper oder die Gesundheit eines anderen herbeizuführen, wird mit Gefängnis oder Haft bis zu sechs Wochen oder mit Geldstrafe bis zu fünfhundert Kronen bestraft.

Trunkenheit an öffentlichen Orten.

§ 471. Wer im Zustand offenbarer Trunkenheit durch sein Verhalten an öffentlichen Orten Ärgernis erregt, wird mit Gefängnis oder Haft bis zu vier Wochen oder mit Geldstrafe bis zu dreihundert Kronen bestraft, wenn er dem Trunk ergeben ist.

Abschluß eines verbotenen Vertrages über Zechschulden.

§ 472. Wer in der Absicht, die Bestimmungen über die Unklagbarkeit einer Forderung aus dem Verkaufe geistiger Getränke, die Unzulässigkeit der Kompensation oder die Ungültigkeit von Pfandbestellungen oder Bürgschaftserklärungen für solche unklagbare Forderungen zu umgehen, sich von dem Schuldner, von dessen Familienangehörigen, von dem Pfandbesteller oder Bürgen eine Urkunde ausstellen läßt, die keinen oder einen unwahren Verpflichtungsgrund enthält, wird mit Gefängnis oder Haft bis zu drei Monaten oder mit Geldstrafe bis zu tausend Kronen bestraft.

Anfertigung, Erwerb und Gebrauch von Gegenständen, die sich zur Fälschung von Geld, Wertpapieren oder Wertzeichen eignen.

§ **473.** Wer ohne Auftrag der öffentlichen Behörde oder des sonst hierzu Berechtigten Stempel, Stiche, Platten oder Formen, die zur Anfertigung oder Fälschung von Geld, öffentlichen Wertpapieren oder öffentlichen Wertzeichen geeignet sind, anfertigt, erwirbt oder verwendet, oder wer fahrlässig bewirkt, daß ein Gegenstand dieser Art in den Besitz eines Unbefugten gelangt, wird mit Haft bis zu sechs Wochen oder mit Geldstrafe bis zu fünfhundert Kronen bestraft.

Die Strafbarkeit erlischt, wenn der Täter freiwillig und nicht weil er weiß. daß seine Tat entdeckt ist, den Gegenstand vernichtet oder zur Gefährdung des Verkehrs unbrauchbar macht.

Unbefugte Anfertigung öffentlicher Siegel.

§ **474.** Wer das Siegel oder den Stempel einer öffentlichen Behörde ohne deren Auftrag anfertigt, wird mit Haft bis zu sechs Wochen oder mit Geldstrafe bis zu fünfhundert Kronen bestraft.

Die Strafbarkeit erlischt, wenn der Täter freiwillig und nicht weil er weiß, daß seine Tat entdeckt ist, den Gegenstand vernichtet oder unbrauchbar macht.

Unbefugter Erwerb militärischer Uniformen und Waffen.

§ **475.** Wer entgegen einer gehörig kundgemachten Verordnung einen Bestandteil der Uniformierung, Bewaffnung oder Munition der bewaffneten Macht an sich bringt, als Pfand nimmt oder zu dessen Veräußerung oder Verpfändung mitwirkt, wird mit Haft bis zu vier Wochen oder mit Geldstrafe bis zu dreihundert Kronen bestraft.

Fahrlässige Förderung von strafbaren Handlungen gegen fremdes Vermögen.

§ **476.** 1. Wer unbefugt einen Dietrich oder ein anderes Sperrwerkzeug feilhält oder verkauft;

2. wer bei dem Betrieb eines Gewerbes, das zum Verkaufe von Sperrwerkzeugen berechtigt, einer unbekannten Person ohne gehörige Erkundigung oder einer verdächtigen Person einen Dietrich oder ein anderes Sperrwerkzeug verkauft oder ihr den Verschluß eines fremden Raumes öffnet,

wird mit Gefängnis oder Haft bis zu vier Wochen oder mit Geldstrafe bis zu dreihundert Kronen bestraft.

Unterlassen der Anhaltung eines verdächtigen Verkäufers.

§ **477.** Wer vorsätzlich oder fahrlässig beim Handel mit gebrauchten Gegenständen oder beim Betrieb eines Pfandleihgeschäftes es unterläßt, eine Person, die eine Sache unter Verdacht erweckenden

Umständen zum Kauf oder als Pfand anbietet, anzuhalten und, wenn der Anbietende sich nicht zureichend auszuweisen vermag, seine Stellung vor die öffentliche Behörde zu veranlassen, wird mit Gefängnis oder Haft bis zu vier Wochen oder mit Geldstrafe bis zu dreihundert Kronen bestraft.

Der Täter ist nicht strafbar, wenn er diese Pflicht nicht erfüllen kann, ohne sich oder eine ihm nahestehende Person einer Gefahr auszusetzen.

Tierquälerei.

§ **478.** 1. Wer ein Tier böswillig quält oder roh mißhandelt;

2. wer den Anordnungen zuwiderhandelt, die für die Vornahme von wissenschaftlichen Versuchen an Tieren bestehen,

wird mit Haft bis zu sechs Wochen oder mit Geldstrafe bis zu fünfhundert Kronen bestraft.

Die Sammlung aufserdeutscher Strafgesetzbücher enthält bisher die folgenden Übersetzungen als Beilagen zu der **„Zeitschrift für die gesamte Strafrechtswissenschaft“** oder zu den **„Mitteilungen der Internationalen Kriminalistischen Vereinigung“:**

I. **Niederländisches** Str.G.B. v. 3. März 1881; **Französisches** Prefsgesetz v. 29. Juli 1881; **Österreichisches** Wuchergesetz v. 28. Mai 1881 (Zeitschrift Bd. 1).

II. **Dänisches** Militär-Str.G.B. v. 7. Mai 1881; **Schwedisches** Militär-Str.G.B. v. 7. Oktober 1881 nebst Einführungsgesetz u. Disziplinar-O. f. d. Kriegsmacht (Zeitschrift Bd. 2.)

III. **Italienisches** Ges. betr. die polit. Wahlen v. 22. Januar 1882 Art. 86—97 (Strafbestimmungen); **Ungarisches** Wuchergesetz v. 27. April 1883; **Niederländisches** Ges. z. Bekämpfung d. Trunksucht v. 28. Juni 1881 (Zeitschrift Bd. 3).

IV. **New Yorker** Str.G.B. v. 26. Juli 1881 (Zeitschrift Bd. 4.)

V. **Norwegische** Str.Proz.O. v. 1. Juli 1887 (Zeitschrift Bd. 9.)

VI. **Italienisches** Str.G.B. u. Ges. betr. öffentliche Sicherheit vom 30. Juni 1889 (Zeitschrift Bd. 10).

VII. **Finnländisches** Str.G.B. v. 19. Dezember 1889 u. Verordn. üb. d Strafvollstreckung (Zeitschrift Bd. 11).

VIII. **Mexikanisches** Str.G.B. v. 7. Dezember 1871 (Zeitschrift Bd. 14).

IX. **Norwegisches** Ges. betreffend d. Behandlung verwahrl. Kinder v. 6. Juni 1896 (Zeitschrift Bd. 17).

X. Vorentwurf z. **Schweizerischen** Str.G.B. (Mitt. Bd. VI).

XI. Entwurf z. **Norwegischen** Str.G.B. (Mitt. Bd. VII).

XII. **Bulgarisches** Str.G.B. v. 2. Februar 1896 (Zeitschrift Bd. 18).

XIII. **Ungarische** Str.Proz.O. v. 4. Dezember 1896 (Zeitschr. Bd. 19).

XIV. Vorentwurf z. **Japanischen** Str.G.B. (Zeitschrift Bd. 20).

XV. **Chilenisches** Str.G.B. v. 1. März 1875 nebst Ergänzungs-Ges. (Zeitschrift Bd. 20).

XVI. **Dänisches** Str.G.B. v. 10. Februar 1866. **Dänisches** Ges. betr. Gewalt gegen schuldlose Personen vom 11. Mai 1897 (Zeitschrift Bd. 21).

XVII. **Bulgarische** Str.Proz.O. v. 3. April 1897 (Zeitschrift Bd. 22).

XVIII. **Norwegisches** Militär-Str.G.B. und Militär-Str.Proz.O. und **Norwegische** Str.Proz.O., Änderungs-Ges. v. 1902 (Mitt. Bd. XI).

XIX. **Portugiesisches** Str.G.B. v. 16. September 1886 (Zeitschr. Bd. 24).

XX. **Norwegisches** Str.G.B. v. 22. Mai 1902 und **Norwegisches** Ges. gegen Arbeitsscheu u. Trunksucht v. 1900 (Mitt. Bd. XII).

XXI. **Ottomanische** Str.Proz.O. v. 25. Juni 1879 (Mitt. Bd. XII).

XXII. **Dänisches** Gesetz v. 1. April 1905 (sogen. **Prügelgesetz**) nebst Ausführungsbestimmungen (Mitt. Bd. XIII).

XXIII. **Japanisches** Str.G.B. vom 23. April 1907. (Zeitschr. Bd. 28.)

XXIV. **Russisches** Str.G.B. vom 22. März 1903 (Zeitschr. Bd. 28).

XXV. **Österreichischer** Gesetzentwurf betr. die strafrechtl. Behandlung u. d. strafrechtl. Schutz Jugendlicher, 1907 (Mitt. Bd. XV).

XXVI. **Spanisches** Str.G.B. vom 17. Juni 1870 (Zeitschrift Bd. 29).

XXVII. Neueste **Englische** Kriminalpolitik. 1. Children Act, 1908. 2. Prevention of Crime Act, 1908. 3. Probation of Offenders Act, 1907. (Mitt. Bd. XVI.)

XXVIII. Vorentwurf zu einem **Schweizerischen** Str.G.B. (April 1908.) (Zeitschrift Bd. 30.)

XXIX. Vorentwurf zu einem **Österreichischen** Str.G.B. (September 1909.) (Zeitschrift Bd. 30.)

FSC
www.fsc.org
MIX
Papier | Fördert
gute Waldnutzung
FSC® C083411

Kolibri 360 GmbH
Ferdinand-Jühlke-Straße 7
99095 Erfurt, Deutschland
produktsicherheit@kolibri360.de